儿童观的社会史

—— 近代英国的共同体、家庭和儿童 ——

[日]北本正章 著

方明生 译　沈晓敏 校

上海教育出版社
SHANGHAI EDUCATIONAL
PUBLISHING HOUSE

儿童家庭社会史研究的使命
（代译者序）

一、20世纪五六十年代中国儿童家庭状况——从个人记忆说起

由私人的话题开始公共问题的讨论似不太适当，这里想要表明的是这样一种认识：时代的感觉是潜藏在日常生活中的。母亲出生于1920年，虽已是93岁高龄，但依然能靠自己的能力生活，头脑清晰。她平时在养老院生活，节假日也会到我家住上几天。今年春节，在我家和我老婆闲聊时，母亲说了一句猛话："那时候，我真的不想要那个孩子（指笔者本人）……"老婆后来把这话传给我时说："怎么样？别太得意哦，本来都不想要你的。"当时的反应自然是"受沉重打击！"但实际上，我对此是有些预感的，母亲现在说起这个话题，毋宁说有点有趣，也很怀念。上了年纪，以前的事情反而会变得更清晰。想起那个时代的真实情况，确实不是开开玩笑就能过得去的。我是四个姐弟中的最后一个，前面有三个姐姐。姐姐们总说我是"被宠爱的"，但真相又是如何呢？母亲的话，让我再次回想起那个在脑海里已经没有留下多少记忆的年代。

男孩被宠惯，部分是事实。记得四五岁时，我被外祖父带去点心店，他买了点心，让我坐在店门口的台阶上，说："吃了吧，吃完了再回去。"点心带回家，就要分着吃，是不能一个人独享的。在那个排队等卷心菜叶、喝稀粥的"三年困难时期"，每个家庭几乎都有四五个处于成长期的孩子。

二、20世纪五六十年代至今中国的人口变动和今后的展望

20世纪五六十年代，有四五个孩子的家庭很多。医疗技术已经进步，但尚未导入“家庭计划”(family plan)；“想要男孩”的传统意识在城市里还留存着；粮食不足等经济困难持续着，孩子没有足够的物资保障，等等。这就是当时的现实情况。

针对这样的人口状况，时任北京大学校长的马寅初发表了《新人口论》(1957)，提出控制人口的建议，但受到批判，被迫辞职。计划生育政策直至20世纪80年代后才被严格执行。由于持续三十多年的计划生育政策(独生子女政策)，现在中国人口出现了结构上的转变。上海社会科学院两位研究者梁中堂、左学金的论文提示了以下要点，显示人口问题的严重性。

- 随着对人口增长的抑制，人口老龄化正在迅速发展。
- 从1982年和2010年人口普查的数据来看，0—14岁人口占总人口的比例从33.59%降低为16.6%，减少了一半以上，老龄人口(65岁以上)的比例却从4.91%上升到8.87%，增加了将近一倍，“少子老龄化”的倾向非常明显。据联合国人口预测研究，在21世纪中期，中国65岁以上的老龄人口占总人口的比例将达到30%或40%以上，中国将成为超老龄化的社会。
- 人口的负增长不可避免。劳动年龄人口在近三年内持续下降，人口总数将在2025年前后进入负增长。据联合国预测，21世纪末，中国的人口将不到10亿。[①]

三、中国人口问题的新课题

近些年，中国学术界多次举行纪念马寅初的活动，人口学者发表了一系列的研究成果。例如，在北京大学《人口与发展》杂志主办的马寅初人口科学论坛

① 梁中堂，左学金. 人口增长问题亟待采取不同政策[N]. 社会科学报，2012-03-01(2).

上,[①]五位研究者发言,提出重新认识中国的人口问题,其论题如下:

"避免极端的出生率"(左学金,上海社会科学院常务副院长、研究员);

"人口研究者的责任"(顾宝昌,中国人民大学人口发展研究中心教授);

"思考我国人口问题的对策"(彭希哲,复旦大学社会发展与公共政策学院院长、教授);

"《新人口论》与中国人口科学"(解振明,中国人口学会秘书长、研究员);

"后马寅初时代的'新人口论'"(穆光宗,北京大学人口研究所教授)。

研究者通过纪念马寅初的活动,呼吁政府改变人口政策。

国际上,中国的人口问题也受到关注。在公开场合讨论这一问题的,多使用联合国的研究结果。英国《经济学人》(*The Economist*)以"人口动态:中国的阿基里斯腱"为题,比较中国和美国的人口动态(见表1),[②]指出人口问题在降低中国经济增长率的同时,所带来的社会课题也将是中国社会的巨大负担。总之,人口问题已成为非常紧迫的战略课题。

表1 中国与美国的人口动态

中国与美国的人口动态		
	中 国	美 国
2010年的总和生育率(TFR)	1.56	2.08
2010—2050年的人口增长率(%)*	−3.4	+30.0
人口峰值(年)	2026	↑
2010年的中位年龄(岁)	34.5	36.9
2050年的中位年龄(岁)*	48.7	40.0
2010年20—24岁人口(百万)	120	22
2050年20—24岁人口(百万)*	63	25

① 郑晓瑛,左学金,顾宝昌,彭希哲,解振明,穆光宗.重新认识中国人口问题——纪念马寅初先生诞辰130周年[J].人口与发展,2012,18(3):16-26.

② [英] The Economist.2012.4.21.转引自 http://jbpress.ismedia.jp/articles/-/35053.另见:www.economist.com.

（续表）

占人口比率的变化（2010—2050年）*		
未满15岁（%）	−5.5	−1.3
15—64岁（%）	−11.4	−6.9
65岁以上（%）	+17.4	+8.1

注：*：联合国的推算　↑：人口持续增长

四、阿里埃斯的儿童家庭社会史研究方法

不得不说，中国现在的中老年人经历了相当激烈的人口变动史，其深层存在着的是围绕儿童与家庭的观念和意识的历史性巨变。要准确把握这种变化，法国学者菲利普·阿里埃斯（Philippe Ariès）开拓的儿童家庭社会史的研究方法提供了许多启示。

今天，在讨论西方社会儿童家庭时，阿里埃斯的著作被引为经典，而且常因“中世纪的欧洲不存在‘儿童’”这样一个令人警醒的命题被解读。当然，这并不意味着我们现在称为“儿童”这个年龄阶段的人在当时是不存在的，而是说与成人相区别的，作为人发展的一个阶段的“儿童期”的概念在当时是没有的。也就是说，时人缺乏把儿童当作“儿童”来看待的“目光”（sentiment）。①

下面将阐明绘画中中世纪后期这种看待儿童的“目光”的变化。

13世纪左右，绘画中的幼童耶稣和天使出现了接近现代儿童的形象，而且这样的儿童形象开始在宗教画中频繁出现，如意大利画家拉斐尔（Raffaèllo Sanzio）创作的《美丽的女园丁》（藏于卢浮宫美术馆）。

15—16世纪，儿童的形象从宗教画中分离出来。儿童，不再是宗教故事中的主人公，而是频繁活动于各个生活场景中，如儿童在家庭和人群中活动，出现在祭礼、学手艺的工场、学校等场所。但这些风俗画（conversation pieces）并不是专为表现儿童而创作的。在画中，儿童与成人混杂在一起，这仍反映了中世纪

① ［日］杉岡津岐子编《子ども学——その宇宙を知るために》（ナカニシヤ出版，1994），第169—172页。

以来成人与儿童互不区分的意识,如尼德兰画家彼得·勃鲁盖尔(Pieter Brueghel)创作的《农民的婚礼》(藏于维也纳美术史美术馆)。

18世纪50年代左右成长起来的中产阶级取代宫廷成为画家的赞助商,绘画的需求于是扩大了。虽然仍保留以往的绘画主题,但绘画的表现手法流露出一些自然的情感。从那时开始,很多绘画展现了儿童与父母一起玩、读书、野外写生、钓鱼、野餐等生活场景。与以往绘画中"装腔作势"的姿态不同,这些绘画表现出儿童可爱的表情,用纤细的笔触描绘出充满亲密感的动作,使整幅画散发出亲子间和兄弟间的亲情,如英国画家约翰·佐法尼(Johann Zoffany)创作的《第十四代维罗彼·德·布鲁克爵士约翰及其家人》(藏于美国洛杉矶J.保罗·盖蒂博物馆)。

由于史料的局限,儿童观的社会史研究只能利用历史上留下的绘画等材料来探索历史真相。在不同的历史时期,绘画以不同的描述手法,反映了历史上儿童家庭的观念,人们通过宗教画,想象儿童与家庭的理想图景;通过风俗画,反映生活场景中的儿童;通过接近照片的肖像画,描绘家庭与儿童的最接近真实的生活状态。

阿里埃斯研究的范围和重点,正如他的代表作的法语标题"旧制度下的儿童和家庭生活"(*L'Enfant et la vie familiale sous l'Ancien Régime*)①所提示的,是中世纪或中世纪至近代这个转型期的儿童及其家庭生活。

五、20世纪儿童家庭社会史的研究课题

中国的儿童家庭社会史的研究尚处于不甚成熟的阶段。阿里埃斯的《儿童的世纪:旧制度下的儿童和家庭生活》2013年由北京大学出版社出版(这个译本还不完整)。其中的研究方法还不能说已成为这个领域研究者的共识。当然,还是出现了一些中国儿童家庭社会史的研究成果,其中我国台湾学者熊秉真可称

---

① P. Ariès, *L'Enfant et la vie familiale sous L'Ancien Régime* (1960), *Centuries of Childhood: A Social History of Family Life* (1962), *Geschichte der Kindheit* (1975),[日]杉山光信,杉山恵美子訳《"子供"の誕生——アンシァン・レジーム期の子供と家族生活》(みすず書房,1980).

为中国儿童家庭社会史研究的第一人，其著作《童年忆往——中国孩子的历史》根据宋代以来的资料，阐述中国近世(自宋至清)儿童观念的变化。[①]

从中国的人口动态来看，20 世纪的儿童家庭的社会变动是最为激烈的，20 世纪以来的一代人对这些变动的感受最为真切，中国儿童家庭社会史研究有必要围绕这一时期开展重点研究。

从 20 世纪中国人口变动来看，人口总数在 1900 年被推定为 3.5 亿，1950 年为 5.6 亿，1982 年为 10 亿，2010 年为 13 亿。[②] 20 世纪的中国人口变动分成三个阶段：1900—1950 年，生育的死亡率有所改善，但由于战争、灾害、经济困难、疾病等，生育形态还未摆脱多产多死型。1950—1980 年，从出生率、人口总数上看，生育形态变成多产少死型，虽然有一段时间粮食不足等经济困难导致人口减少，但整个社会处于没有战争的安定期，医疗、社会保障、女性地位等得到改善，人口的稳定增长持续了很长时间。1980—2012 年，实行了计划生育政策(独生子女政策)，但由于人口增长的惯性，人口总数依然保持增长，生育形态变成少产少死型。这一过程中发生了家庭结构及家庭意识的变化，关于儿童的意识的变化及儿童生活内容的变化、女性社会地位的变化及女性自我意识的变化等，这些社会变化是极其深刻的，是以前任何时代都未曾遇见过的。

瑞典作家、儿童教育家爱伦·凯(Ellen Key)称 20 世纪为“儿童的世纪”。围绕儿童的关键词，首先是“科学”。由于医学尤其是产科学、儿科医学的进步，人的生育、成长状况在 20 世纪大为改善。这在中国也是一部真实的历史(医学、生殖、儿童发展的历史，产科学、儿科医学史等)。在中国，学校的普及(义务教育制度的实施)与计划生育政策的实施是同步的，儿童被置于“专用地”中成长。关于这种激烈的变化给儿童的自然成长带来什么性质的影响，还需要深入研究(儿童生活社会史等)。此外，农耕文明下以家庭为基础的传统中国社会基层的管理体制——宗族制度在这百年内，因工业化、城市化等现代化进程而趋于崩溃，以家族为中心的伦理道德体系也逐渐丧失了其支撑的根基。20 世纪的家庭结构、

① 熊秉真.童年忆往——中国孩子的历史[M].桂林：广西师范大学出版社，2008.

② 葛剑雄.中国人口发展史[M].福州：福建人民出版社，1991.

女性地位及女性社会意识的转变，都是儿童家庭社会史研究的重大课题。

在中国人口动态发生结构性转变的历史时刻，20世纪儿童家庭史的研究可以为中国的新人口政策提出建议，也可以为培养健康儿童的社会系统与环境构筑提出建议。这是中国儿童家庭社会史研究的"建言"的使命。

本文最初是笔者2012年4月在上海师范大学教育学院举办的"第二届儿童学国际研讨会"上题为《儿童家庭社会史研究的使命》的发言。后以日文发表在《ASIA—社会・経済・文化》第2号（2012）（"子ども・家族社会史の使命"，第16—22页）。也是在这一年，笔者拜访了北本正章教授，并与他讨论了他的著作《子ども観の社会史——近代イギリスの共同体・家族・子ども》的中译本事宜。北本正章教授的这本著作是以英国为对象的儿童家庭社会史研究，相信这样的研究方法与成果将会对中国裨益不浅。经过7年时间，本书终于可以付梓。在此，感谢北本正章先生对中译本出版的大力支持与关注，感谢上海教育出版社袁彬老师的长期工作和对本书出版的大力支持，感谢沈晓敏老师的校阅，感谢谢冬华老师、孔令会老师的精心工作与支持。谨以此译作感念母亲带给我这一问题上的启示，祈愿您天堂安详。儿童家庭问题是关涉人类未来的重大课题，期待本书的出版能为这一主题的研究添砖加瓦，并期待相关专家、读者对译本提出批评、指正。

上海杉达学院教育学院教授

方明生

前　言

最近三十年，教育思想史乃至教育史研究的各个领域都涌现了不少显著的成果，儿童观社会史研究领域就是其中之一。

如何看待儿童或儿童认识的问题，与教育问题、代际关系乃至文化传递的连续性与非连续性、再生产过程论等一类问题在深层次上发生关联。这样的问题在任何时代都是极为深刻的，而且越是社会变动巨大的时期，这样的问题越是与实际生活紧密相关。从 17 世纪欧洲学校型公共教育制度开始建立至 19 世纪后半叶，是人们的儿童观发生巨大变化的时期。近代三百年间的儿童观和育儿意识的变化，给教育观、教育现实及一般的人际关系带来了各种影响，其中的大部分要素一直持续到今天。伴随着人类社会的宏观变化，如传统共同体的解体、人口结构与家庭结构的变化、资本主义与工业化的大规模推进、近代国家的形成、学校地位的提升等，人的社会化过程发生了前所未有的变化。

上述要素中，人口变动是所有社会经济变化的基础，其中，出生率、结婚率和死亡率是规定儿童存在方式中最具决定性的因素。在这方面，除了英国的“人口与社会结构史剑桥研究小组”(Cambridge Group for the History of Population and Social Structure)外，法国的年鉴学派，美国、德国等的历史人口学家也就这些问题展开了研究，并从 20 世纪 70 年代以后发表了一系列重要的研究成果。在多产多死型的人口结构中，人口的调节不仅通过婴幼儿的营养失调、疾病死亡、事故死亡等“自然的(被动的)”方法，也通过弃子、杀子、牺牲(作为供品而杀之)、堕胎等“主动的”方法。这方面的证据可以在从古希腊到中世纪直至近代末期的神话、民间故事、传说，以及格林兄弟(Brüder Grimm：Jacob Ludwig Karl Grimm，Wilhelm Karl Grimm)走访各地所创作的童话、莎士比亚(William Shakespeare)的作品等文献中出现的众多弃子、杀子的故事中得到证实。那么，杀子、弑亲等围绕亲子关系不和的神话传说在各种文化中都有传承的情况，又表达了一种怎样的历史状态？而儿童的服装、儿童的房间、儿童的玩具、儿童特别的取名方式(近代以前，死亡儿童的名字会被多次使用，族亲里的特定人物的名字也会被反复使用)、儿童的坟墓、儿童的肖像画等成为近代市民社会亲子关系的表征，同样也是历史与社会结构导致的。

历史人口学研究与家庭社会史研究的重合，可以解释近代儿童观与亲子关系的变化。近代以前的家庭处于亲族与共同体的援助与控制(相互扶助与相互监视)的双重关系下，因而个人隐私的概念在意识、居住建筑的结构上都难以存在，夫妇关系与亲子关系是疏远的。再加上时人不断受到死亡的威胁，又如相亲结婚、女性的道德服从、对儿童的不关注、寄养制与徒弟制等意识与制度中所表现的种种社会生活状态是亲子关系短暂与疏远的原因。粗俗的育儿习俗、体罚的盛行、持续特定的母亲角色的缺乏、对儿童意志的暴力干涉，造成了当时的成人对他人的猜疑心、容易诉诸暴力的脾性，难以培育“友爱”“友谊”的情感，以及与人疏远的心理特征。

根据美国历史学者劳伦斯·斯通(Lawrence Stone)的研究，近代家庭具有四个特征：取代近邻关系与血缘关系，形成以家庭为核心的强烈的亲情纽带；追求幸福的个人自由使得强有力的个人自律性高涨，进而促使权利意识越发敏锐；性的快乐与原罪或罪的意识的联系减弱；对个人身体与精神的隐私的要求提高。

在这样的近代家庭里，在婚姻对象与职业选择方面，家长的控制减弱，形成以夫妇—子女为核心的家庭结构，亲族、共同体已不再处于优先的地位。由于不再依靠经济或政治的联系纽带，而是通过爱情与感情来维系，与女继承人联姻、亲族内分支间联姻、相亲结婚、订婚的习俗及私奔现象逐渐消失，家庭所有成员都获得了很大的自律性，这样的现实为多数人接受之后，丈夫对妻子的权威、家长对子女的权威逐渐衰退。随着中产阶级的成长，法律上与教育上的平等得到进一步发展，人们加强了对儿童的关注，儿童的事项越发成为优先事项，人们对育儿也表现出明显的宽容态度，这种状况造成“家长理解能力提高”的错觉。在这样的条件下，“儿童参与成人劳动生活的时间逐渐延后，致使儿童期的特性发生变质，即使具有了成人的欲求和能力，也不行使成人的责任，出现如何应对这样的青年期的问题。18 世纪后半叶和 20 世纪后半叶出现的多数中产阶级和上流社会家庭采取非常宽容的育儿方式，不仅造成追求无法实现的天真的成人，而且造成缺乏教养、社会化出现问题的儿童”（Lawrence Stone）。

任何时代，儿童的存在都是“反映我们的镜子，即将我们自身的姿态缩小的镜子”（Anita Schorsch），因而精确地确认儿童的立体图景，一方面能为过于游离现实教育现象的教育理论、教育哲学带来新的教育认识的方法论视角；另一方面，我们在现实的教育实践中往往因“不理解现在的孩子”“对如何育儿没有自信”而焦虑，因短视的育儿意识而陷于日常琐碎的应付。而儿童历史图景会带来宏大的历史洞察，促使我们认识到过度期待的教育认识本身也是历史与社会的产物，由此让我们获得机会，重新思考和认识真正的教育应当是怎样的。换言之，儿童观的社会史研究是在以社会史的整体历史观来综合把握宏观世界的立场上，洞察日常个别的育儿微观世界的运行整体，在共同体、人口、家庭、学校等社会史性质的变化过程中探究儿童、青年的存在结构是如何变化的。

目　　录

第一部分　近代社会与儿童

第二部分 近代育儿图景

第一章
绪论：儿童观社会史的视角

一、新历史学的视角

在今天，对于历史上人们对儿童抱有的感情、态度是如何变化的这一问题的研究，被称为"儿童观社会史研究"，这在历史学和教育学中是一个新的领域。这个领域是随着新历史学带来的社会史研究的高涨而兴起的，[①]从研究历程来看，历史上，儿童观社会史研究与其说与女性史、家庭史同属于社会史研究领域，毋

---

① 儿童观的历史研究动向可以从 20 世纪 70 年代若干学术杂志的几个特辑中了解。*Journal of Interdisciplinary History*，Ⅱ（1971）；*History of Childhood*，1（1973 - 1974）；*The Journal of Psychohistory*，7：3(1979 - 1980).需要了解 20 世纪 60—80 年代的研究动向，目前可以把握以下文献。L. Stone，"Children and the Family"，*The Times Literary Supplement*（1966）；L. Stone，"The Massacre of the Innocents"，*The York Review of Books*（November 14，1974），pp.25 - 31.这篇书评性论文后又刊登在 L. Stone，*The Past and Present Revisited*（1987），pp.311 - 326. Linda A. Pollock，*Forgotten Children: Parent-Children Relations from 1500 to 1900*(1983)，Chap.1 - 2，［日］中地克子訳《忘れられた子どもたち》(勁草書房，1988)，日译本第 1—85 页。 关于 20 世纪 50 年代以后的儿童观、年轻人的面貌以及青年期的历史变化，英文文献中以下两条很重要。Vivian C. Fox and Martin H. Quitt (eds.)，*Loving，Parenting and Dying: The Family Cycle in England and America，Past and Present*（1980）；Harvey J. Craff (ed.)，*Growing Up in America: Historical Experiences*（1987).利用有关儿童的视觉资料，整理了阿里埃斯以后的家庭史、儿童史研究成果的入门著作有以下一些。Anita Schorsch，*Images of Childhood: An Illustrated Social History*（1979)，［日］北本正章訳《絵でよむ子どもの社会史——ヨーロッパとアメリカ・中世から近代へ》(新曜社，1992)。 另外，了解这个领域的书目，可以参考以下文献。James W. Milden，*The Family in Past Time*（1977)；Gerald L. Soliday (ed.)，*History of the Family and Kinship: A Select International Bibliography*（1980)；Ulrich Hermann，et al. (hrsg.)，*Bibliographie zur Geschichte der Kindheit，Jugend und Familie*（1980).

宁说它是社会史研究领域起着先行开拓作用的一部分。①

被称为新历史学的社会史研究，在研究对象、方法、资料、解释等方面与传统历史学有着重大的差异，②这种差异用一个词来概括，就是“人本主义的复活”。新历史学不是以匿名的、平均化的个人集合体的呈现方式来把握人的整体历史的，而是研究具体的、个人的、个性的“生存性实际感受”的各种经验。因此，新历史学的研究对象包含迄今为止传统历史学不太从正面去处理的现象与事实，比如性意识与性行为、求爱行为与结婚、婴儿的出生与育儿、各种食物与生活物资、对疾病的态度与对病人的处理方法、社会角色认定的各种形式、罪与罚的意识、对死亡的态度以及处理死者的方法，等等。研究聚焦于人们共同经验的、直接的、具体的人生的各个断面，不直接以传统历史学关注的大事件、大人物、权力关系、制度为研究对象，而往往是在意识到上述“整体状况”的同时，关注普通人的“日常生活状况”和“小事件”。对新历史学来说，与其关注历史上为数不多的大事件、英雄的权力行为，毋宁关注日常生活中人们每天只要活着就会不断重复的事件。新历史学的研究不是那种追随大事件、大人物，并且只看到宏观和表层的东西，进而留在记忆里并作为资料留存下来，而是分析普通人内心时而有意识时而无意识地将视角投射到某种事物或事件时的感受和某种默契，以及日常不断重复的事件中所包含的情感积淀，并试图从多个侧面去解读这种状态的“深层”含义。

---

① 比如劳伦斯·斯通(Lawrence Stone)在整理至20世纪80年代的世界家庭史研究动向的重要论文时，用相当大的篇幅讨论了对儿童价值感情变化的历史变迁问题。L. Stone，“Family History in the 1980's：Past Achievements and Future Trends”，*Journal of Interdisciplinary History*，Ⅻ：1(Summer，1981)，reprinted in Theodore K. Rabb and Robert Ⅰ. Rothberg (eds.)，*The New History: The 1980's and Beyond* (Princeton UP，1982)，pp.51－87.特别是在pp.71－78.另外，新历史学中关于儿童观问题以及心理学方法问题的以下文献很重要。L. Stone，“History and the Social Science in the Twentieth Century”，in C. Delzell (ed.)，*The Future of History* (1976)，reprinted in L. Stone，*The Past and the Present Revisited* (1987)，pp.3－44，pp.22－26，pp.40－44.

② 以下两篇文献对新历史学、年鉴学派作了很通俗易懂的介绍。［日］二宮宏之著《全体を見る眼と歴史家たち》(木鐸社，1986)；［日］福井憲彦著《“新しい歴史学”とは何か》(日本エディタースクール出版部，1987)。另外可以参考以下讨论欧洲历史学整体动向的文献。Georg G. Lggers，*New Directions in European Historiography* (1975)，［日］中村幹雄ほか訳《ヨーロッパ歴史学の新潮流》(晃洋書房，1986)；L. Stone，*The Past and the Present Revisited* (1987).

上述研究关注对象的变化，同时也推动产生了与以往很不相同的分析方法与解释方法。特别是在时代划分上，与以往不同，新历史学运用更加细致的框架来界定“时间”的概念。新历史学不是采用唯一的时间单位，而是设定了多个时间单位或时间层次来探究日常事件的“变化”，也就是所谓将“事实”认定为“时间的积淀物”，以时间考古学的方法从表层的经验开始，逐渐向深层挖掘。不是看几个月、几年的“短时间范围”，而是看几百年、几千年的“长时间范围”，从而阐明通常认为日常反复发生的事件是如何缓慢地发生“变化”的。通过表层时间与深层时间的结合，即费尔南·布罗代尔（Fernand Braudel）提出的三个时间层——支配地理学-自然环境的“不变的历史时间”、支配共同体或社会结构历史的“缓慢变动的历史时间”、支配事件或具体变化的“运动的历史时间”的组合，多层次地说明“变化”的现象。新历史学认为，在不同的层次，人类的时间并不是同质的，其黏度、方向性和厚度都是不同的。在这样的历史时间的认识中，贯穿着新历史学的人本主义解释立场。

除了多层的时间层次设定，新历史学在事件与事物的空间方面也对传统的认识提出了新的挑战，即新历史学不受传统历史学中国家史、经济史的一元功能化概念的束缚，它认为在一个国家乃至一定经济圈的内部也存在结构和层级多样、性质和大小不同的空间。人有时是部分地、片段地生活在各种微观空间里，有时则是同时地、共同地生活在宏观空间里，人们日常一直接触着社会的、文化的、地域的、经济的、历史的多样及多元的空间。新历史学以上述时间与空间的认识变革为基础，对传统历史学和思想史在方法论和历史哲学上的贫乏展开批判。传统的历史学与思想史往往将历史变动的原因简单地归结为政治体制和经济结构的变动，而其原理则往往援引和翻译大思想家的言说或既成的概念以为佐证。

新历史学的显著特征，即资料的多样化、学术范畴或研究对象的扩大，确实提高了历史学与生物学、医学、人类学、语言学、宗教学、符号学、教育学、心理学等学科的关联性和学际性，但同时也隐含着向研究对象的细分化、无限的个别化研究方法扩散乃至向趣味化的琐碎实证主义等方向转化的危险性。为了把这种危险性降到最低，社会史的研究必须确立这样的学术态度：一方面需要日益广泛地关注涉及人的所有事物，另一方面需要持续努力地重构能概括所有事物的知识框架。

儿童观的社会史研究特别要求具有这样的学术态度：微观的、感性丰富的视角，以及追求宏观概念框架的理性的、广阔的视野。因为儿童观的社会史研究从丰富的感性关注与人的成长相关的日常事件，为那些看上去琐碎的经验事实提供新的价值观念，现实地反映所有人都经历过的微观的亲子关系；同时，这样的研究也容易将研究者或读者、讲述者自身的价值观投射到研究对象上，从而使意义解释流于主观，因此需要更为客观的宏观概念框架。从这个意义上来说，菲利普・阿里埃斯（Philippe Ariès）的方法即使在今天，也会不断引发各种应该予以超越或探讨的课题。

二、阿里埃斯的方法

近代史中有关儿童观是如何变化的问题，是传统的教育史学的盲点。率先开拓这个领域研究的是法国历史学者阿里埃斯。① 儿童观的社会史研究在阿里埃斯的方法未受关注之前，就以类似阿里埃斯的方法论意识在进行着。② 在触发重构近代教育思想的问题意识上，在呈现近代教育学史研究缺乏现实性的问题上，以及提出引导儿童观的社会史研究的种种假说上，阿里埃斯的研究无疑是一个划时代的起点。

---

① P. Ariès, *L'Enfant et la vie familiale sous l'Ancien Régime*（1960），*Centuries of Childhood: A Social History of Family Life*（1962），*Geschichte der Kindheit*（1975），［日］杉山光信，杉山恵美子訳《“子供”の誕生——アンシァン・レジーム期の子供と家族生活》（みすず書房，1980）。对阿里埃斯提出的问题在教育思想史上的意义作了批判性讨论的文献，可见［日］森田伸子《子どもの時代——“エミール”のパラドックス》（新曜社，1986），特别可以参考第285页以后。

② 在阿里埃斯的研究发表之前，以下两篇从社会心理学角度分析近代社会中成人与儿童关系的文献比较重要。J. H. Van den Berg，*Metabletica，of leer der Veranderingen*（1956），*The Changing Nature of Man: Introduction to a Historical Psychology*（1960，1961），［日］早坂泰次郎訳《メタブレティカ》（春秋社，1987）。Gordon R. Taylor，*The Angel Makers: A Study in the Psychological Origins of Historical Change，1750－1850*(1958).目前不清楚上述两人的研究是否对阿里埃斯产生了影响。

阿里埃斯通过以“儿童”概念为对象的研究，将投射在“儿童”概念上的近代价值体系、理性主义相对化，与米歇尔·福柯（Michel Foucault）、伊万·伊里奇（Ivan Illich）等齐名，创立了新历史学研究的方法。在此，笔者将粗略讨论阿里埃斯的儿童观研究是以怎样的方法论视角展开的，同时概要介绍其后出现的多种儿童观社会史研究中的课题。

阿里埃斯的研究对以后开展的各种个别研究的方法产生了很大影响，而他在把握历史中变化着的儿童观之际，投射了“两种视角”：其一是以微观与宏观结合的视角来把握与儿童发育、发展相关的各种经验事实；其二是以复合的视角来把握在生物学-自然哲学性质的领域与社会-文化性质的领域交叉的空间中儿童的社会化进程。

一种视角是以微观与宏观相结合，发现儿童发育、发展直至成为社会人这一过程中与社会文化相互作用相关的所有现象中有机的关系，进而把握这种关系在人的形成与教育文化上的意义。这里所说的微观视角是这样一种方法：它力图通过观察儿童生活中的琐事、衣食住行、日常生活构成等，去解读那些乍见只是一些细微琐碎的表象与经验背后存在着的人们的感情与思想。宏观视角则是将推动这一时代或地区社会运行并规定共同体的运行机制、社会结构、社会变动等“大的状况”的框架置于视野内思考的方法。通过这样大小视角的结合，一方面，努力避免“如降落伞下降中观察到的全景般的历史学”与“如为觅食而在地表或地下蠕动的小昆虫般的历史学”（Emmanuel Le Roy Ladurie）之间无谓的对立；另一方面，避免诸如以乐观的进步史观、悲观的近代史观、复合周期振幅史观等某个特定历史观片面地把握人的经验事实的方法，把经验作为认识人存在的矛盾之契机来考察，拓展重构人的生活的整体史的可能性。事实证明，人的经验事实附带着各种各样的人的意义。

另一种视角是把握在生物学-自然哲学性质的领域与社会-文化性质的领域交叉的空间中儿童的社会化进程的复合视角。关于这一点，阿里埃斯作了以下阐述：

> ……生、死、性等领域整体出现在眼前，我不由地感叹不已。这些现象被认为是生物学的现象，因而属于文化以外的自然属性，并被认为是不变化

的。由于这样的原因，这些现象一直未受到迄今为止的历史学家们的关注。但我现在知道，这些现象也是在变动的！因为这些是属于生物学的同时也是属于社会性意识的存在方式（mentalitè），是属于自然的同时也是属于文化范畴的现象，我为此贡献了自己的研究。纯朴的人们即使现在也认为这些现象只是生物现象，但在不知不觉中却给这些现象带来了影响，使其发生了变化。①

儿童处于“出生”和“发育”的过程中，因而成为生物学关注的对象，同时，围绕儿童也出现了“育儿”“教养”“教育”等社会-文化现象。儿童，更广义地说人本身的存在，常常被置于生物学性质的规定性上，人们往往认为生物学-自然哲学的规定性在历史上是不变的。阿里埃斯的视角关注构成人的生物学规定的自然生存条件、人口结构、结婚率、出生率、死亡率等与人的生死相关的（vital）因素及指标的“变化”，力图阐明这些条件给人的各种特性、价值观，特别是教育意识、儿童观等带来何种影响。阿里埃斯于1950年开始的关于历史人口学、人口动态学的研究［包含儿童的出生率、死亡率、结婚率等人口动态数据统计（vital statistics）］，为重构儿童观乃至人类基本特性的一般生物学-自然哲学提供了重要的基础数据。

此外，作为儿童社会化的社会-文化诸条件影响各个时代、各个社会儿童观的问题一直是教育政策史、教育思想史研究的课题。但是，由于缺乏社会文化性的各种条件是如何在生物学的规定性下形成的视角，以及缺乏儿童观的综合性视角，学说的思想水平与实际状况、生活意识、心态等之间产生了很大的隔阂。在提供儿童教育水平、生产力水平、食物消费、卫生状态、福利水准、道德倾向、劳动力平衡等一系列社会统计（socials statistics）的条件下，民俗习惯（vernacular practices）——生活习俗、宗教礼仪、祈祷咒术性的习惯、饮食文化、劳动习惯等

① ［日］アリエス《“子供”の誕生》的“为日文版所作的序”，第i页。另外，可参考以下文献。P. Ariès, “L’historire des mentalités”, in J. Le Goff (dir.), *La nouvelle histoire* (1978); “Problems de l’education”, in *La France et des françes* (1972)，［日］中内敏夫，森田伸子訳《“教育”の誕生》（新評論，1983）所收录的“为日文版所作的序”，第1—2页，以及“心性とは何か”，第11—49页。

民俗学、人类学的各种事实整体上存在怎样的心态的背景，只有与生物学-自然哲学的基础状况结合，才能整体把握儿童观社会史。由于家庭史、医疗卫生史、学校社会史、历史人类学、饮食文化社会史等领域都积累了丰富的关于育儿、儿童社会化的社会-文化的经验事实，最近的儿童观社会史研究领域出现了明显的人类学倾向，这也反映了这些资料源的积累与利用在迅速发展。

阿里埃斯提出的复合视角，换言之，就是通过从社会-文化意义上解释围绕儿童社会化的“生物学-自然哲学性质的现象”，从生物学-自然哲学的意义上解释“社会-文化性质的现象”，从而多层次、多元地把握普通人的生活意识、精神态度、生活感觉、心态的视角。这也可以认为是对学术领域与对象的细分不断被强化的倾向的一种反叛，是以横向的、学际的、纵观的方式改变社会科学、自然科学研究方法的一种表示。

婴儿来到这个世界的时候，不仅有他所处时代的分娩技术为主的医疗条件，空气、水、粮食等有关生育环境质量水准的一系列生物学-自然哲学的规定因素在起作用，同时，保温方法、授乳方法、家长的育儿意识、对父母-成人文化的期待感或意图等政治-经济性的、社会-文化性的规定因素也在发挥作用。婴儿是在各种因素的复合作用下成长的，而不是在其中某一个因素中独立成长的。因此，在支持人生存的诸因素作用的整体机制中，仅仅抽出亲子关系、教育关系等因素，以解释学的方法来讨论，并不能很好地达到研究目的。仅仅在亲子关系的框架中来把握儿童的发展，或只将教育的概念还原为教育关系性质的同义反复(tautological)的概念，并不能使研究产生更多效用。[①] 儿童观的社会史研究同新历史学的方法意识一样，在复合的、多元的、多角度的方法论的认识基础上，力图阐明儿童乃至人类存在结构的整体史及其变化的过程。

---

① 无论是亲子关系方面还是教育关系方面，心理学、社会学的概念无法按原样使用在历史研究的领域里，这反映了最近的理论研究与历史研究的局限性。Marcel Postic, *La relation educative* (1979)；K. Pillemer & K. McCartney (eds.), *Parent-Child Relations throughout Life* (1991)；Lioyd de Mause, “Evolution of Childhood”, in Lioyd de Mause (ed.), *History of Childhood* (New York, 1974), [日] 宮澤康人監訳《親子関係の進化——子ども期の心理発生的歴史学》(海鳴社, 1990)；David Hunt, *Parents and Children in History: The Psychology of Family Life in Early Modern France* (Harper, 1970).不单是无实证的“理论”框架游戏或“概念操作”，更需要大量积累有关教育关系或亲子关系为对象(现象)的个别具体课题的论著，在其中锤炼教育社会史研究的方法论。

三、儿童观社会史研究的目的

从上述视角出发，在多角度观察人的经验事实的历史观的基础上，儿童观社会史研究大致有以下三个目标。

其一，对近代儿童的教育及其发展思想的历史研究，需要摆脱以往对教育条件、教育意图、教育愿景等“出自成人思路”的、思辨的、印象主义的教育思想史的窠臼，而要立足于“从发展与教育的主体（即儿童、青少年）的立场出发”的教育认识，在社会史的经验事实中使其具体化，并与对应的事实作比较。这也可以说是一种取代学校中心论，从观察儿童的复合视角出发，实际把握教育关系、教育意识的深层尝试。不理解近代教育与发展思想的背景中存在怎样的儿童观，是不可能把握教育思想史的；不接触从各个时代和社会的普通人的生活经验中凝练出的教育意识及其对儿童感情的积淀，要充分把握人的真正成熟、教育思想的内在丰富性，从教育层面加深对人的理解，也是不可能的。

其二，重新讨论作为确立近代教育之条件的三大变革（宗教改革、科学革命、产业革命）所引导出的理性主义、个人主义、平等意识、自由竞争、能力主义、教师与学生或成人与儿童关系中的区别与级差等一系列近代教育的指标。对近代理性主义教育思想作批判性分析的必要性，从今天公共教育的僵硬运营状态上看就可以得到充分理解，但问题的解决不能仅仅依靠抽象的讨论和解释学水平上的分析，还需要考虑到教育与发展是日常的、具体的运营，要尽可能依据具体的经验事实，并将这样的结构性变化置于视野中，使问题相对化。解读事实现象或经验事实的特定视角、分析框架、概念装置当然是必要的，但必须得到事实的验证。所谓“儿童论”“学校论”“教育关系论”中的“论”不太有说服力的原因在于事实验证不足，同时，“经验事实”的证据缺乏广泛的人性洞察。儿童观的社会史研究从社会学、文化人类学、民俗学所积累的经验事实中得到很多启发。这些启发提示了最近的历史人类学和历史社会学如何由静态模式解读出动态模式，进而理清变化的整体结构。研究方法的进步推动研究的繁荣，从而证明了“确立证据”的重要性。[①]

其三，加深对“儿童”的认识。作为研究对象的“儿童”相当复杂，其中一个原因是，“儿童”是与“成人”相对应的概念。我们在讨论“儿童”显示“儿童的特点”的时候，自认为“成人的特点”的标准和尺度是明了的，我们是在“成熟”这一概念的具体指标上讨论问题。因此，如果“成人”“成人的特点”的概念是不明确的话，那么“儿童”“儿童的特点”的概念也无法明确，这就会产生“不懂儿童”“不理解儿童”的情况，同样的情况在谈论“男人的特点”“女人的特点”时也会产生。[②]

“儿童”概念的相对性导致的复杂性，集中体现在“儿童”与“成人”之间“发明”了“青年期”的问题上。近代以来的“青年期”负担着“儿童期”的解体与“成年期”的解体的双重因素，“成年期”的解体是由发展标准的多元化带来的，这对青年来说意味着发展模型的丧失和扩散，是一种漂浮于“缓期执行”空间的状态。所谓“青春期和青年期问题”，是一种历史性很强的社会现象。青年期的变化问题在另一些场合中讨论时会颇具魅力，而这个题目与明确“儿童期”概念变化的路径一起讨论时，就如有关“年轻人社会史”的论争中看到的那样十分麻烦。[③] 另外，“儿童期”与“青年期”的连续性与非连续性的问题与“够格的人”“成

---

① Natarie Z. Davis, *Society and Culture in Early Modern France* (1965, 1975), ［日］成瀬駒男ほか訳《愚者の王国　異端の都市——近代初期フランスの民衆文化》（平凡社, 1987）；Alan Macfarlance, *The Family Life of Ralph Josselin: A Seventeenth-Century Clergyman—An Essay in Historical Anthropology* (1970)；John R. Gillis, *For Better, For Worse: British Marriages, 1600 to the Present* (1985)；Aaron Gurevich, *Historical Anthropology of the Middle Ages* (1992).

② 关于“男人的特点”的形成及其变化可参考以下文献。Philip Greven, *The Protestant Temperament: Patterns of Child-Rearing, Religious Experience, and the Self in Early America* (1977)；J. A. Mangan and James Walvin (ed.), *Manliness and Morality: Middle-Class Masculinity in Britain and America, 1800－1940*(1987).

③ 关于历史中青年期变化的研究，与儿童观的社会史研究相比较，还不具备能够整理出问题的积累，尚无比较完整的先行研究。阿里埃斯和戴维斯关于近代以前的青年期的论争可参考以下文献。P. Ariès, *L'Enfant et la vie familiale sous l'Ancien Régime* (1960, 1973), pp.12－14.《“子供”の誕生》的“序”(1973)，日译本第6—8页。Natarie Z. Davis, *Society and Culture in Early Modern France* (1965, 1975), ［日］成瀬駒男ほか訳《愚者の王国　異端の都市——近代初期フランスの民衆文化》（平凡社, 1978），日译本第145—146，163—164页。整理这场论争问题的资料可参考以下文献。Richard T. Vann, “The Youth of Centuries of Childhood”, *History and Theory*, ⅩⅪ：2(1982), pp.279－297.有关整理历史中的“青年人”“青年期”的面貌变化问题研究动向的资料可参考以下文献。Glen H. Elder Jr., “Adolescence in Historical Perspective”, in Joseph Adelson (ed.), *Handbook of Adolescent* （转下页）

人”概念的历史分析存在相关，因此如果抽掉了“生命周期”的视角就很难把握。总之，“儿童是什么”的问题与“成人是什么”“合格的成人是什么”的问题性质相同。因而，儿童观的社会史研究注重区分“儿童”与“成人”的服装、礼仪、语言、角色与职业等指标自身的历史性变化和相关的社会-文化性的多样化变化的事实。

举例来说，“儿童”一词意义的复杂性就十分典型。法语中的garcon既有“儿童”的含义，同时也指在餐馆里工作的“伙计”；德语中的Knabe既指“少年”“孩童”，也有“听差”的意思；英语中的boy既指“少年”，也是对旅馆的男服务员、“牛倌”等男性职业的称呼。

这些显示年龄阶段的词语所见的双重性意义，为探究“儿童”与“成人”概念的相互关系提供了一些线索。也就是说，可以从这些词语的“意义双重性”中看出，其一方面显示了生物学意义上的“年龄”，另一方面则显示了“职业”这种社会-文化性的角色承认（sanctions），两者的一致与差异的情况反映了“儿童期”与“成年期”概念的变化。与前面提到的“青年期”的问题相关联，现代社会中生活的青年可以说是被置于生物性的年龄与社会-文化性角色不一致的生命周期中。理清产生这种“不一致”的原因，也是儿童观社会史研究的目标之一，这是与服装、礼仪中显示的意识与感情的积淀分析相关联的“儿童认识”的重要线索。

（接上页）*Psychology*（1980），pp.3 - 46.此后还有很多研究，目前可以参考以下文献。Joan Thirsk，“Younger Sons in Seventeenth Century”，*History*，Vol.54，No.182（1969），pp.358 - 377；Steven R. Smith，“The London Apprentices as Seventeenth-Century”，*Past and Present*，No.61（1973）；Bernard Capp，“English Youth Group and the Pinder of wakefield”，*Past and Present*，No.76（1977）；Anne Yarbrough，“Apprentices as Adolescents in Sixteenth-Century Bristol”，*Journal of Social History*，13：1（1979）；Michel Goodich，“Childhood and Adolescence among the Thirteenth-Century Saints”，*History of Childhood Quarterly*，Vol.1，No.2（1973）；Susan Brigden，“Youth and the English Reformation”，*Past and Present*，No.95（1982）；Robert Forster and Orest Ranum (eds.)，*Deviants and the Abandoned in French Society*，*Selections from the Annales: Economies*，*Sociétés*，*Civilisations*（1978）.以通史形式概括了青年人社会史的研究，目前除了以下文献外无其他资料。John R. Gillis，*Youth and History: Tradition and Change in European Age Relations*，*1770 -Present*（1974，1979），［日］北本正章訳《“若者”の社会史——ヨーロッパにおける家族と年齢集団の変貌》（新曜社，1985）；Michael Mitterauer，*Sozialgeschichte der Jugend*（1986），*A History of Youth*（1992）.

四、假说与方法论上的课题

本书主要考察下述几个问题，这些问题不仅是近代英国的问题，也是思考近代欧洲的儿童观及其现代化时不容回避的问题。

第一，关于儿童观的“变化”问题。也就是说，成人看待儿童的视角、感情在社会-文化上是具有普遍意义的或恒常的，还是依据文化、民族的不同而呈现多样的形态。阿里埃斯强调“变化”，但笔者想思考一下其中是否有不变的部分。同时，这里也包含着明确成人看待儿童的感情、感性是由什么决定的问题。

第二，如前面讨论阿里埃斯的“双重视角”时提到的，作为规定儿童成长、发展因素的生物学-自然哲学性因素与社会-文化性因素，它们在历史中是否“变化”的问题。特别是生物学-自然哲学的规定性是怎样投射到儿童观上的问题，以往在人文学科的传统中往往被轻视，因而需要从以儿童发展为基础的生物学-医学史的视角出发，与成熟论、形成论等理论结合，考察身体观、生死观的变化。

第三，与现代化和教育问题相关的假说。这一问题的讨论不是停留于现代化是如何改变以前的儿童观的，其中哪些部分并没有发生变化，而是与前面提及的重新把握作为近代教育确立之条件的宗教改革、科学革命、产业革命在教育思想史上的意义相关联。宗教改革提出的个人思想形成的方式，科学革命带来的知识探究方式的革新，以及产业革命带来的科学知识的技术性应用，批判性地讨论这些变革带来的理性主义、效率神话、直接因果关系的思维方式、人的规格化、欲望的商品化、个人主义、平等意识等现象及意识形态，进而重新讨论教师-学生关系与成人-儿童关系中的区别与级差、自由竞争、能力主义等近代教育的指标。通过这种方式，重新明确“近代性质的儿童观”“近代的发展观”等内涵。这样的讨论将推导出以下的议论：近代教育是“解放”了儿童，还是更为精致地不仅以显而易见的方式，也以隐蔽的方式造就了一个新的“监视”与“圈养”的系统？这使得近代教育与更加现代性的假说相贯通。

第四，与儿童具体生活经验带来的证据事实相关的问题。这是儿童观的变化在更为具体的人生各个侧面是如何表现的问题，这些侧面包括传统的分娩与育儿的习俗、母乳喂养与乳母养育、断乳期的育儿问题、儿童的服装、儿童的房间、礼仪的教养方法、性规则的教养、家庭教育、游戏空间与游戏集体、同辈集体的形成、合格成人的基准、成长节点的固定仪式（rites of passage）、自律（立）的各种形态、家庭与学校的关系、母子关系、父子关系、兄弟姐妹关系、代际关系、继承关系等。儿童观的“变化的结构”，由双重视角提供的方法论，近代教育、儿童观与发展观的目标，如果不是将儿童从生到死的事件放在宏大的社会史的框架内，仔细解读其具体的生活文化和环境，则研究寸步难行。

儿童不可能有意识地留下资料。本书中研究者关注的是被称为育儿书的一类文献，含医学书、养生训条类书籍，或礼仪规矩、职业指导类书籍，除此之外，再加上遗书、传记等资料，基于此开展以产育习俗、礼仪约束为重点的研究。但这些“文字资料”多偏重于中产阶级与上流社会，时而因为过度的夸张和虚伪而难以把握事件的起源和变化的结构，需要与多种资料的事实、其他学科领域中的研究成果进行仔细对照、斟酌。

另一研究关注的主题是家庭。在前面讨论过的统合微观与宏观的研究领域，作为跨越两者且介于两者之间的构成单位——家庭，成为十分重要的框架。实际上，迄今为止的儿童观社会史研究大部分是在家庭史、亲子关系的历史中展开的。[①] 大多数场合，如果考虑到儿童人生的最初时期是在家庭中度过的，在资

---

① E. Shorter, *The Making of Modern Family* (1975), ［日］田中俊宏ほか訳《近代家族の形成》（昭和堂, 1988）;L. Stone, *The Family, Sex and Marriage in England, 1500－1800* (1977, Abridged edition, 1979), ［日］北本正章訳《家族・性・結婚の社会史——1500—1800 年のイギリス》（勁草書房, 1991）;D. Gittins, *The Family in Question* (1985), ［日］金井淑子, 石川玲子訳《家族をめぐる疑問》（新曜社, 1990）。上述著述批判性地分析了欧洲家庭史研究的动向，虽然篇幅不大，但确实理清了其中存在的问题，具体资料可以参考以下文献。Michael Andeson, *Approaches to the History of the Western Family, 1500－1941* (1980), ［日］北本正章訳《家族の構造・感情・機能——家族史研究の新展開》（海鳴社, 1988）。另外，以下资料添加了德语圈的研究成果，从家庭周期与个人的人生周期(life cycle)的视角出发，为一般的研究者，对各家的观点作了整理。Michael Mitterauer und Reinhard Sieder, *Vom Patriarchat zur Partnerschaft: Zum Strukturwandel der Familie* (1977); *The European Family: Patriarchy to Partnership from the Middle Ages to the Present* (1982), ［日］若尾祐司，若尾典子訳《ヨーロッパ家族社会史——家父長制からパートナーシップへ》（名古屋大学出版会, 1993）。此外，与上述的家庭史研究不同，A. 马科法连从经济结构论上把握人口学性质的机制，认为以往家庭史研究忽略了近代以来的人口—经济—结婚“再生产”系统问题，指出了关于“再生产”的历史人类学的重要性。Alan Macfarlane, *Marriage and Love in England, Modes of Reproduction 1300－1840* (1986).

料来源上关注家庭关系是理所当然的，但迄今为止的研究表明，在处理家族史资料时存在若干问题。下面以家庭问题为核心考察几个方法论上的课题。

第一，迄今为止，多数儿童观社会史研究由于过度关注儿童本身，轻视了儿童的关系性存在，并未从家庭、集体中把握儿童。如果说从亲子关系的结构性视野中去把握儿童是十分重要的，则有必要了解父子关系与母子关系中重点倾斜的程度，家庭中是否存在徒弟、近亲者、寄住者等同住者，家庭的规模与密度怎样，因为这些因素无疑给育儿意识带来很大的影响。

第二，在分析家庭史资料时，不能缺少法制史的视角。特别是继承法与婚姻法的存在，给儿童地位带来的影响是巨大的。如在罗马法中所见，依据继承法，被称为“家长权”(patria potestas)的父亲的权利，通过垄断挑选继承者权力的方式在实际生活中发挥了力量。另外，在继承法与儿童的关系中，必须考虑在长子继承制社会与非长子继承制社会中，在长子以下的儿童的地位与两性差别的价值上存在很大的不同。再有，不能忽视婚姻法对家庭形成与亲子关系带来的影响，以及与过继相关的法律对亲子关系的影响。就近代英国而言，1753 年的《哈德威克婚姻法》确立前后，年轻人组织家庭时的伦理观与法律基础明显存在很大不同，同样的情况在法国的《拿破仑法典》(1804)和德国 1875/1876 年民事婚姻的义务化前后也可以看到。①

第三，将家庭的生产、消费、经营功能置于视野之内。尤其是处于整体生产力水平低下的社会，家庭在很大程度上要依赖自给自足的自然经济结构，其劳动规模、生产模式、经济单位等经过早期工业化时代已逐渐发生变化，家庭具有的功能在现代化过程中发生了质变。② 这样的状况直接反映在年轻人的职业选

---

① L. Stone，*The Family，Sex and Marriage in England，1500 - 1800*（1977，Abridged edition，1979)，［日］北本正章訳《家族・性・結婚の社会史——1500—1800 年のイギリス》（勁草書房，1991)，日译本第 176—331 页。Jacques Donzelot，*La police des familles*（1977)，*The Policing of Family*（1979)，［日］宇波彰訳《家族に介入する社会——近代家族と国家の管理装置》（新曜社，1991)。

② F. F. Mendels，“Proto-industrialization：The First Phase of the Industrialization Process”，*Journal of Economic History*，Vol.32. No.1（1972)，pp.241 - 261；P. Kriedte，Hans Medick and J. Schlumbohm，*Industrialisierung vor der Industrialisierung*（1977），*Industrialization before Industrialization*（1981)；P. デーヨン（二宮宏之訳）“‘原基的工業化モデル’の意義と限界”，《社会経済史学》第 47 卷第 1 号（1981），第 1—13 页。D. Levine（ed.)，*Proletarianization and Family History*（1984).

择上。正如斯通等人的研究所指出的，工业化以前，父母对儿童的统制力，通过在继承制、道德及经济体系内掌控结婚和职业选择这两个重要的人生选择的决定权而得以维持。家长在家庭内外作为具体的职业人的发展模式，成为儿童和青年的指标，现代化则十分明显地缩小了亲子关系中的职业人形成的功能。在家庭史的线索中验证儿童观，一个不可忽视的侧面就是家庭的这种经济再生产功能。将这种功能置于研究视野中，能够适当地解决迄今为止的研究仅仅集中于婴幼儿期的偏向。青春期、青年期的亲子关系与婴幼儿期的亲子关系自然是不同的。为了不遗漏这种不同，重要的就是需要依据年龄阶段的历史性差异，确立个人生活周期与家族生活周期的双重视角。①

第四，有必要在共同体的动力关系中把握家庭。因为家庭生活与家庭关系不可能在地区社会（共同体）的动力关系中孤立存在，家庭的经济再生产功能受到存在于每个人与家庭周围的地区社会（共同体）的深刻影响。在家庭是否易受共同体影响的不同社会，家庭生活的密度、性质有着很大的不同。具体而言，依据家庭在何种程度上接受亲族或邻里的扶助或干涉的情况，亲子关系的社会化功能也相应地发生变化。对于这些方面，了解以下内容十分重要：在上述共同体动力关系下开展的各种具有年轻人“社会化”功能的集会仪式，如出生与命名、结婚、埋葬等各种习俗、宗教礼仪、咒术、禁忌礼仪等民俗学和文化人类学资料中出现的人们的“社会习俗”“思维方式与感觉”（mentalitè）以及“集合表象”等，探讨其具有怎样的共同体及个人发展上的意义。②

第五，关于家庭的人口动态史的视角。这部分的研究，年鉴学派与“人口与

① Jean Cuisenier (ed.), *The Family Life Cycle in European Societies* (1977); Tamara K. Hareven, *Themes in the History of the Family* (1977); Tamara K. Hareven (ed.), *Transitions: The Family and the Life Course in Historical Perspective* (1978).

② Joseph Strutt, *The Sports and Pastimes of the People England* (1903); E. P. Thompson, "'Rough Music': Le Charivari anglis", in *Annales: E. S. C.* (1972), pp.285 - 312. reprinted in E. P. Thompson, *Customs in Common* (1991), pp. 467 - 538.上述论文有日译本，见以下文献。［日］二宮宏之，樺山紘一，福井憲彦編訳《魔女とシャリヴァリ》（新評論，1982），第 79—138 页。Valerie Fildes, *Breasts, Bottles and Babies: A History of Infant Feeding* (1986); F. Loux, *Le jeune enfant et son corps dans la médicine traditionnelle* (1978),［日］福井憲彦訳《“母と子”の民俗史》（新評論，1983）。J. Gélis, et al. (eds.), *Entrer dans la vie: naissances et enfances dans la France traditionnelle* (1978).

社会结构史剑桥研究小组”有很多成果，主要方法是针对历史上留下的记录婴儿洗礼数、结婚数、埋葬数的片段记载的教区簿册，19 世纪前镇村一级的部分人口调查(census)以及其后由国家主导的全国规模的人口调查三份主要的人口动态资料，通过使用计算机技术的家庭复原法(family reconstitution)予以重组，使特定区域里几百年间的人口动态长期波动数据化。[①] 此研究对统计学上数值的解释受到很多批评，但规划英国人口动态史研究方法的托马斯·亨利·霍林斯沃思(Thomas Henry Hollingsworth)认为，“人口动态史学家不是历史的支配人(a general manager)，而是会计员(an accoutant)”，[②]除了获得人口动态基础数据，不要指望这类研究还能取得什么成果。

因人口动态史学家得出的人口动态统计提示了死亡率的波动、平均寿命、代交替率、结婚率(独身率)、出生率、产褥死亡率、私生子率、家庭规模等的变化，通过将这些数据与社会性事实对照，在某种程度上可以分析亲子关系与儿童观的社会文化性特色。从统计学上把握人口动态是探究生物学-自然哲学领域中变化结构的切入点，从这个意义上说，婴幼儿的死亡率、杀子弃子的数量、私生子的数量是显示儿童观变化的重要指标。

五、对“儿童的发现”的再发现

促使近代教育形成的概念是让-雅克·卢梭(Jean-Jacques Rousseau)等人提出的被称为“儿童的发现”的价值观，这已成为教育学的常识。教育学往往认

① 英国人口动态史研究被认为主要由“人口与社会结构史剑桥研究小组”推进，其成果主要有以下文献。Peter Laslett, *The World We Have Lost* (1965, 1971, 1983), [日] 川北稔ほか訳《われら失いし世界——近代イギリス社会史》(三嶺書房, 1986) ; [日] 斉藤修編著, ピーター・ラスレットほか《家族と人口の歴史社会学——ケンブリッジ・グループの成果》(リブロポート, 1988)。E. A. Wrigley and R. S. Schofield, *The Population History of England*, *1541 - 1871*, *A Reconstruction* (1981); Richard Wall, et al. (eds.), *Family Forms in Historic Europe* (1983); Richard M. Smith (ed.), *Land*, *Kinship and Life-Cycle* (1984); E. A. Wrigley, *People*, *Cities and Wealth: The Transformation of Traditional Society* (1987).

② T. H. Hollingsworth, *Historical Demography* (1969), p.323.

定，近代教育是在“儿童的发现”作为“默认前提”的条件下成立的。但其实，在教育学的基础概念中，很少有像“儿童的发现”这样意义模糊的概念却一直没有被深究的情况。所谓“默认的前提”是什么内涵？所谓“儿童的发现”是什么？“发现”了儿童的“什么”？另外，是“谁”在怎样的条件下“发现”了“儿童”？今天，由于儿童观社会史研究的进展，在思想史上再次讨论这些疑问在某种程度上有了可能。①

被称为“儿童的发现”的概念，可能包含两种含义。其一是作为教育对象的“儿童的发现”。这是迄今为止教育学的一般观点。但是，这个思路中“儿童的发现”是以进步思想为背景的，实现这种发现的是“成人的理性”，是相信理性主义的无限发展与进步的“成人”。

不过，根据阿里埃斯等人的研究，作为教育对象的“儿童的发现”与家长对于儿童的爱的感情的进化相辅相成。也就是说，人们理解“儿童的发现”是这样一个过程：人口的变动、家庭的结构与规模的变化、共同体的解体带来了人际关系的质变，以这种质变作为复合的条件，推动了对儿童“天真”“可爱”“纯真无瑕”等天性表现出的感情的进化。由于沉淀于意识底层的感情浮上了表面，人们显得更为“关注”儿童的存在，更为“接近”“接触”儿童，由此形成的基本概念就是“母爱”。而在这些感情的背后，潜伏着阻碍和厌恶儿童的发展、变化的心态，是一种期望儿童永远是“天真”“可爱”“纯朴”的感情。这种感情中包含着期望时间停止，儿童永远是“天真”“可爱”的欲望。近代市民家庭中留下的数量众多的儿童肖像画、儿童服装设计，就表明了这样的意识。

如上所述，这种以疼爱儿童的感情为心理基础形成的作为教育对象的“儿童的发现”，其感情非常脆弱，带着分裂性的心理特性。对儿童的爱的情感而后受到要使儿童离开家庭并成为自立的“出色市民”的训导，以及必须给予儿童知识的强迫观念的压制。而家长的教育义务越是增强，对儿童的感情投射与教育上

① 提出重新检验“儿童的发现”概念的论文见：［日］森田伸子《“子どもの発見”の意味》(1973)，森田伸子《子どもの時代》(新曜社，1986) 所収，第 287—298 页。J. H. Van den Berg, *Metabletica, of leer der Veranderingen*（1956），*The Changing Nature of Man: Introduction to a Historical Psychology*（1960，1961），［日］早坂泰次郎訳《メタブレティカ》(春秋社，1987)，とくに第二章“大人と子ども”，日译本第 15—163 页。

的期待感之间就愈加分裂，在上述两者的任何一方未能满足的情况下，就容易陷入被迫害妄想，或产生即使诉诸体罚也要实现家长愿望的心态。在“儿童的发现”得到社会性认同的17世纪及之后的几个世纪既是“盛行鞭打的时代”，又是如儿童文学的出现所显示的，是理解儿童世界并与之同一化的浪漫主义儿童观的时代。

其二，作为教育对象的“儿童的发现”与发现一方自身的“市民即成人”的认识深度相关。作为“成人”指标的“识字能力”和“理性”造成“成人”与“儿童”之间的各种“级差”和“异质性”。很久以来，这些“级差”和“异质性”使人类在亲子关系中导入了“教育”功能，而在近代则起到了使家长对儿童的爱不至于陷入溺爱的制动器作用。近代教育以这样的“级差”和“异质性”为前提得以确立，而这种“成人”与“儿童”间的关系也将居于“级差”上位者的“权威”“区别意识”带入教育关系中。近代学校教育易形成权威主义，易导入作为排他原理的竞争和歧视，其原因之一被认为就在于近代教育的这种“级差”结构的僵硬。

其三，“儿童的发现”的意义是发现作为对成人、成人文化的挑衅者和侵犯者的“儿童”。“儿童的本性”一词的内涵，除了“天真”“可爱”“纯真无瑕”等对成人“无害”的特性以外，也包含着残忍、愚昧、疯狂、越轨、任性等一系列“反成人”“反文化”“反理性”的感情与行动特性。在近代以来的“成人”眼中，儿童有时纯真无瑕、淳朴、可爱、诙谐，而有时则突然会做出残忍的行为，就像对文明无知的未开化人那样，令人吃惊。但感受这种惊恐的感情本身，其实也是近代将儿童与成人区别的产物。也就是说，以“儿童的本性”来定义上述那些特性时，其意识中一定存在“成人的基准”和“文明的基准”。发现作为对成人、成人文化的挑衅者和侵犯者的儿童，会使人注意到这里存在支持成人自身僵硬的“文明的基准”、近代感性的价值观中的问题，而且只有在对这些基准作历史文化的比较时才会认识这一点。作为挑衅者、侵犯者的儿童动摇了近代以来陷于某种僵硬的成人行为与价值导向的模式。造成这种模式的原因是近代理性主义价值观超越了自然制约的发展，这种发展的结果使得日常生活过度系统化。而通过突破理性主义的过度与僵硬，可以在人存在方式的根源的、自然的意义上批判成人秩序。在发达工业国家的儿童与年轻人中普遍存在的各种“越轨文化”和“下位文化”，一直不断地动摇着成人文化与理性主义的过度和僵硬。不上学、校内暴力、家庭暴力等，针对成人与成人世界理性主义的儿童与年轻人的对抗（反叛）行动，暴走族、“重金属”音乐会等喧嚣的（charivari）集体与空间等，均可以理解为具有挑衅丢失了“祭祀”的成人文化缺乏想象力的“僵硬”的性质。① 当然，这种对抗文化现象与喧嚣空间，尽管因年轻人的主体性与自我表现的特性而极受年轻群体的支持，但不能否定其间存在商业资本力量的运作。

综上所述，儿童观的社会史研究在学习新历史学的方法论的同时，试图廓清现代社会中儿童发展与教育的问题。为了避免大幅度越出事实允许范围的过度解释，或仅以主观意义限定而自我满足的只注意表面现象的意义论，为了在儿童认识的实际现象中维护教育思想的现实主义，需要关注具体的经验事实。儿童绝不是抽象的存在。正如以往埃米尔·涂尔干（Émile Durkheim）试图以社会科学方法的诸项基准统合心理学与历史学，不是仅在观念与规范的水平上阐明教育的意义，而是从社会性存在的事实出发，阐明教育形成的过程那样，②儿童观的社会史研究是从所有构成儿童世界的社会性经验事实出发的。

---

① 关于这一主题，从城市化问题开始讨论的文献有：Richard Sennett，*The Uses of Disorder*（1970），［日］今田高俊訳《無秩序の効用》（中央公論社，1975）。另外，以下文献以历史人类学的方法做了很好的案例研究：Natarie Z. Davis，“The Reason of Misrule：Youth Groups and Charivaris in Sixteenth Century France（1971）”，in Nataire Z. Davis，*Society and Culture in Early Modern France*（1965，1975），pp.97－123.［日］成瀬駒男ほか訳《愚者の王国　異端の都市——近代初期フランスの民衆文化》（平凡社，1978），日译本第133—164页。John R. Gillis，*Youth and History — Tradition and Change in European Age Relations，1770－Present*（1974，1980）.［日］北本正章訳《“若者”の社会史——ヨーロッパにおける家族と年齢集団の変貌》（新曜社，1985）。

② Émile Durkheim，*Les Règles de la Méthode Sociologique*（1895），［日］宮島喬訳《社会学的方法の規準》（岩波文庫，1978），特别可以参考为回答对初版内容的批判而整理论点的1901年写的“第二版序”，见日译本第21—46页。Émile Durkheim，*L'évolution Pédagogique en France*（1938），［日］小関藤一郎訳《フランス教育思想史》（行路社，1981）。

第一部分

近代社会与儿童

第二章
17 世纪儿童观的转变

一、阿里埃斯的 17 世纪

在把今天工业社会中儿童及其家庭的社会地位作为历史研究的课题来探究时，17 世纪欧洲发生的社会关系的变化或许会带给人们一些启示。

阿里埃斯在《儿童的世纪——旧制度下的儿童和家庭生活》一书中反复指出，成人对儿童的感情与意识的变化是从 17 世纪开始的。为了给这一假说提供证据，阿里埃斯首先关注了肖像画。他分析了肖像画中儿童的形象、服装、游戏用具和人际关系，认为 17 世纪以后，人们对年龄意识、发展阶段的关注度提高了，其结果导致成人开始认识到，儿童是与成人不同的存在。以下引用阿里埃斯的解释来说明。

> 大约在至 12 世纪为止的中世纪的艺术里，儿童没有被认识，也没有出现描绘儿童的尝试。但是，中世纪艺术中没有出现儿童，与其说是技能缺乏或功底不足，毋宁说是因为在这个世界里没有出现一个表现儿童期的场所。[①]

---

① P. Ariès, *L'Enfant et la vie familiale sous l'Ancien Régime*（1960），*Centuries of Childhood: A Social History of Family Life*（1962），*Geschichte der Kindheit*（1975），［日］杉山光信，杉山恵美子訳《"子供"の誕生——アンシァン・レジーム期の子供と家族生活》（みすず書房，1980），日译本第 35 页。

除去葬礼用的浮雕像以外，与父母分离的儿童肖像，在16世纪末以前很少看到。……17世纪初叶，儿童肖像变得非常普遍，开始出现通过绘画艺术保存儿童期中瞬时形象的习惯。……此后，儿童因他们自身的目的而被单独描绘。这是17世纪出现的重大的新变化。儿童成为艺术乐意去描绘的一种模特。……自此之后，每个家庭都希望在自己的孩子处于儿童期时就能够拥有儿童肖像。这种风气在17世纪产生，一直没有停止。至19世纪，照片取代了绘画，但其中的感觉并没有变化。① 读者可能会发现，在儿童期的主题进化过程中，17世纪是非常重要的时期。这一时期，儿童单独被描绘的肖像画的数量增加很快，成为社会十分普遍的现象。同时，比儿童肖像画有着更悠久历史的家庭肖像画也出现了以儿童为中心的构图。②

在16—17世纪的社会上层阶级，开始给儿童和幼儿穿着与成人相区别的特别的服装。这种儿童服装特别是男童服装的特殊化，意味着外表上的体面及装饰有着重大的意义。种种社会迹象可以证实有关儿童的观念发生的变化。……关于儿童期的意识出现了，由于儿童的纯真、温和、滑稽，他们成为成人快乐与放松的源泉，而谈论儿童时使用“可爱”一词，成为社会的习惯用法。③

关于儿童期的观念变化，不仅可以通过图像资料，而且可以通过有关学校的文献资料得到证实。这里值得特别关注的是作为道德教育文献的育儿书和礼仪书。关于管教的意识和礼仪规矩的感性的变化，阿里埃斯也指出了17世纪的重要性。

服装、语言措辞的精致化不仅限于神职人员，同样也是宫廷人员的应有表现。承袭那个时代的要求，为把流浪者与学生区分开来，需要教育者的压

---

① P. Ariès, *L'Enfant et la vie familiale sous l'Ancien Régime* (1960), *Centuries of Childhood: A Social History of Family Life* (1962), *Geschichte der Kindheit* (1975), ［日］杉山光信，杉山恵美子訳《“子供”の誕生——アンシァン・レジーム期の子供と家族生活》(みすず書房，1980)，日译本第43页。

② 同上，日译本第47页。

③ 同上，日译本第123—124页。

> 力。新的道德观念区别出儿童，至少是上学的儿童，或者说受教育的儿童是被另行对待的。这样的观念在 16 世纪几乎不存在，而是在 17 世纪才开始形成的。①
>
> 到 17 世纪后半叶，礼仪规矩集虽然还残存着若干原有传统的侧面，但已经渐渐变为以教育性辅导、学生行为训导等为主，将成人排斥在外，仅以儿童为对象的辅导书籍占据主要地位。……辅导儿童习得过去仅靠经验和寄住见习来习得的成人的惯例已不是这类书籍的目的了。现在的礼仪规矩集对学校生活给予很大关注，并顺应和扩展这样的生活。这是随着学校发展与儿童期特殊化而相应产生的变化。礼仪规矩集里删除了对成人的记述，而关于学校生活的记述逐渐占据重要地位。②

在分析证明这样的儿童期观念变化的图像资料、道德教育资料的同时，研究者也指出，制作和保存这些资料的成人日常生活空间——家庭，也开始表现出具有近代性质的感性。也就是说，在一系列资料中能够读出的变化，实际上就是家庭对待儿童的态度、家庭中的关系的变化，由此可以看到家庭本身的"深层"变化。

> 从中世纪末期到 16—17 世纪，儿童从父母那里获得了一个地位。这是在把儿童托付给他人的风气盛行的时代再怎么期待也无法实现的。如此，儿童回归家庭成为一件大事，这是 17 世纪家庭与中世纪家庭相区别的重要特征。儿童成为日常生活中不可缺少的要素，人们为儿童的教育、就业、将来而思虑。此时，儿童虽然还不是社会整体结构的中轴，但与以前相比，已成为非常重要的角色。③

---

① P. Ariès, *L'Enfant et la vie familiale sous l'Ancien Régime* (1960), *Centuries of Childhood: A Social History of Family Life* (1962), *Geschichte der Kindheit* (1975), [日] 杉山光信, 杉山恵美子訳《"子供"の誕生——アンシァン・レジーム期の子供と家族生活》(みすず書房, 1980), 日译本第 308—309 页。

② 同上，日译本第 365 页。

③ 同上，日译本第 379 页。

如上所见，阿里埃斯在追踪儿童期“心态”变化的轨迹时，首先从图像和文献资料中明确了占据人生某一阶段的儿童期的固有年龄意识，并在17世纪这一时代概念上寻求图像中儿童的年龄、人数、服装、游戏、角色、规矩等“变化”的开端。进一步来说，在上学学生年龄群体的变化、在教学法与课程上所见的对该年龄群体的相应变化、规则的变化、上学的形态、对粗暴行为的克服、儿童期的长期化等学校生活的“变质”过程中，重新确认了这些“变化”。最后，在家庭感情的变化过程中明确了“17世纪的家庭”居于问题的发端位置。如阿里埃斯所说，现代化过程中“获得胜利的不是个人主义，而是家庭”。[①]

这样的问题意识，在阿里埃斯的《儿童的世纪——旧制度下的儿童和家庭生活》出版13年后的1973年，他为法文版重版所写的序言中更加明确了。这里使用“隔离状态”“封闭”等概念来讨论近代历史中存在的对儿童期的感情变化。在学校管理化与家庭意识教育化的两条变化线路上，把握儿童社会化的问题。

> 17世纪末叶以来以最终的且决定性的方法造成的这种状况，在我分析的习俗状态下，发生了相当重大的变化，可以用两种不同的方法来把握这种变化。作为教育手段，学校教育代替了徒弟学艺，即儿童混入成人中并在与成人的接触中直接学习的方式停止了。虽然存在很多忽视与迟滞，儿童与成人分离，在被抛到人世间之前，儿童被置于一种隔离状态。这种隔离状态就是学校、学院。如此开始的长期封闭儿童的过程(正如“禁闭”疯人、贫民等的过程那样)直至今日并没有停止，反而扩大了，人们称此为“学校化”。
>
> 这种隔离儿童的做法，可以作为教会、僧侣界、为政者中的改革者推进的大规模的道德化运动的一个侧面来说明。但是，这种隔离如果不伴随着家庭内的意识变化，其在现实中的可能性不大。明确这种意识情感的变化是我想强调的对现象展开研究的第二种方法。

① P. Ariès, *L'Enfant et la vie familiale sous l'Ancien Régime* (1960), *Centuries of Childhood: A Social History of Family Life* (1962), *Geschichte der Kindheit* (1975), [日] 杉山光信，杉山恵美子訳《“子供”の誕生——アンシァン・レジーム期の子供と家族生活》(みすず書房，1980)，日译本第381页。

……………

这样的家庭是围绕着儿童组织起来的，儿童从以前被置于匿名状态的情形中摆脱出来，成为一个重要的角色。以前的时代，儿童死了也并不整天悲伤，因为有别的孩子代替。而这种经常出现的重新生孩子的情况减少后，为了更好地照看孩子，人们认为应该限制孩子的数量。这种学校与意识的革命最后与马尔萨斯主义相伴，正如在18世纪后半叶所观察到的，人们开始自发地减少婴儿的出生。①

如上所见，阿里埃斯在阐述绘画表现、学习生活、道德标准化，进而在家庭意识、教育意识等各种变化过程中反复指出，17世纪是近代儿童观登上历史舞台的重要分水岭。那么，阿里埃斯如此重视的17世纪是什么样的呢？

二、"革命的世纪"

17世纪是怎样的？首先，可以从"表层"的事件史开始考察。如果将历史中定位为欧洲的近世乃至近代初期的16世纪的特征称为"宗教的世纪"，那么17世纪可以称为"革命的世纪"。这里的"革命"一词包含政治革命、科学革命等几层意思。②

作为历史表层的"事件"，主要是指政治革命、社会性动乱。翻开欧洲的"事件史"，史学家通常提到的首先是英国1640年开始的延续60年的所谓"清教革命"，同一时期还有法国的"投石党（Fronde）之乱"③、尼德兰的独立革命、伊比利

---

① P. Ariès, *L'Enfant et la vie familiale sous l'Ancien Régime* (1960), *Centuries of Childhood: A Social History of Family Life* (1962), *Geschichte der Kindheit* (1975)，［日］杉山光信，杉山恵美子訳《"子供"の誕生——アンシァン・レジーム期の子供と家族生活》(みすず書房，1980)，日译本第3页。

② Imai Hiroshi (ed.), *The General Crisis of the Seventeenth Century* (1975)，［日］今井宏編訳《十七世紀危機論争》(創文社，1975)；Geoffrey Parker and Lesley M. Smith (eds.), *The General Crisis of the Seventeenth Century* (1978).

③ 投石党之乱：17世纪中叶（1648—1653）法国爆发的反对王权强化中央集权政策的内乱。——译者注

亚半岛的加泰罗尼亚与波兰的叛乱，接下来是意大利、瑞士、匈牙利、普鲁士等欧洲各地不断发生的农民叛乱。这一系列引人注目的事件真实地反映了 17 世纪存在着可以与文艺复兴、宗教改革、法国大革命相比拟的欧洲近代史上重大的“事件史分水岭”。

这一系列的革命和叛乱的“表层事件”，在经济结构的变化方面，呈现了由封建制度向资本主义经济过渡的决定性转变。[①] 在政治体制的变化方面，这些“表层事件”不仅破坏了旧体制，而且可以说，旧体制已经丧失了稳定的社会基础，这是旧体制矛盾加深、开始解体的必然结果。社会只有通过“革命”和“叛乱”才能打开局面，正是这种状况的反映。

正如所有的“变化”都由连续性因素与非连续因素构成，“革命”也经常带着这两个因素。而其中何种因素以更为显著的形式在“表层”表现出来，是由其国家、地区、民族所处的状况决定的。

17 世纪的“政治革命”大体上是从两个方向展开的。一是如英国那样，共同体内的分工发展到某种程度，与旧体制的决裂伴随着由此引发的痛苦与不安，以近代国家的形成原理为指导，重组和统合新社会的构成方向；另一则如普鲁士、西班牙、法国等国家那样，革命与反叛并未促使旧体制的解体，反而这类“事件”引发了旧体制的紧张，以危机意识强化并扩大了与过去的连续性的方式，强化了传统主义的权威。新的社会观与思想，在主动经验与旧体制分离的社会中探索和酝酿。与个人的发展类似，只能在和过去分离的孤独与不安的状况中，与并不能完全分离而不得已带着过去的某些部分的状态间选择改变现状，探索即将到来的社会模式，同时重新思考新的理论的创造与新人的形成等问题。

在传统共同体的解体过程中，生活在“革命的世纪”的人们不断追问以下基本问题：构成新社会的原理是什么？形成这样的原理需要怎样的新知识？追求

---

① R. H. Tawney, *Religion and the Rise of Capitalism*（1926，1938），［日］ 出口勇蔵，越智武臣訳《宗教と資本主義の興隆》（岩波文庫，1956—1959）（上），日译本第 26—113 页。P. M. Sweezy & M. Dobb, et al., *The Transition from Feudalism to Capitalism*（1976），［日］ 大阪経済法科大学経済研究所訳《封建制から資本主義への移行》（拓殖書房，1982）。

这种新知识的新人的形成方法与代际关系的构成是怎样产生的？

三、“世界的祛魅”

“革命”的不甚显现部分却产生了极大影响的是，扎根于 16 世纪宗教改革的禁欲主义、新理性主义的生活观与世界观。马克斯・韦伯（Max Weber）称之为“世界的祛魅”（Entzauberung）①的新生活意识。这种意识排斥经院式学术的权威与形式性、教会的权威与礼仪，致力于根除潜伏在升华为宗教礼典与信条的思维形式中的咒术性因素。

1625 年，年轻的约翰・弥尔顿（John Milton）进入剑桥大学（University of Cambridge）时，十分厌恶这所大学经院式教学的非理性，愤怒地斥之为“都是些像破布条一样的概念、枯燥无聊的辩证”。没有比这样的言辞更能表达当时知性的清教徒所共有的意识。

清教徒希望从根源上废弃所有非理性的言说、迷信，从咒术中彻底地解放现世。清教主义认为，大凡咒术一类的东西全是恶魔，只有理性与伦理，即那些遵循神的诫命与意图的行为，那些由神净化的心灵所产生的意识，才有宗教的价值。今世充满着坠入堕落之漩涡：“泪之谷”（Jammertal）②的考验，人的社会是一个“灭亡的群体”（Massaperditionis）。要将自己从“被拯救者”（Bewährung）中解放出来，需要充分运用在人与自然的所有现象中能找到有确凿依据的伦理，确立将伦理“神圣化”（Heiligung）的“市民性生活态度”（burgerlich Lebesmethodik）。

---

① M. Weber, “Konfusianismus und Puritanismus”,（“儒教とピューリタニズム”）大塚久雄，生松敬三訳《宗教社会学論選》（みすず書房，1972），日译本第 167—168 页。M. Weber, “Die protestantische Ethik und der Geist des Kapitalismus”（1904 - 1905）, *Gesammelte Aufsätze zur Religionssoziologie*, Bd. Ⅰ（Tübingen, 1921），［日］梶山力，大塚久雄訳《プロテスタンティズムの倫理と資本主義の精神（下）》（岩波文庫，1962），日译本第 267 页。

② 据原作者解释，“泪之谷”出自《旧约圣经》“诗篇”第 84 篇，原文为“他们经过流泪谷，将这谷变为泉源之地，并有秋雨之福盖满了全谷。”马克斯・韦伯在《清教伦理与资本主义精神》一书中指出了这一表述作为加尔文主义的否定现世、救赎预定的伦理观而广为传播。参见本书第 134 页第三段。——译者注

与这种宗教上的目的不同，以上的所谓“方法论的生活态度”，在现实中增加了作为其结果的自然科学知识，合理化了实验性-经验性程序，进而使知识体系化。17 世纪的科学家注视着作为神之子的纯洁“真我”，凝视自己的内心，从而获得来世自身必能得救之信念。这种拯救史性质的世界观，与为阐明这种世界观在日常生活中追求作为神之子的伦理基础的处世态度一起，“创造”了科学。至少是在意识上，这些科学家希望以人性的完成为指向，统一把握宗教理性化与科学探究两个侧面。①

四、科 学 革 命

阐明正确与谬误、实际存在与错觉的区别，在任何时代都是人类求知动机关注的焦点。但在有关这类问题的识别方式或概念形成的方法上，某个时代会比其他时代要活跃和有意识得多。欧洲史上这样的时代，主要包括古希腊时代和在 17 世纪达到顶峰的文艺复兴以后的几个世纪。

大约在 1500 年，基督教教义作为被恩斯特・特勒尔奇（Ernst Troeltsch）称为“基督教式共同体”的社会统制原理而广泛发挥作用，而亚里士多德（Aristotle）的经验主义、克罗狄斯・托勒密（Klaudius Ptolemaeus）的天体论、盖伦（Galen）的医学则在教会和国家的支持下，被组合进这一巨大的社会综合体里。② 在神、人、天使、动物、植物、元素等所有存在中，处于中心的是人和大地，天空被静态地安置在世界的边缘处。确实，这样的世界观给人们带来情绪上的满足，宗教上是“正统”的，充满着诗的魅力。但不久，这种世界观被以弗朗西

① ［日］小林政吉《宗教改革の教育史的意義》（創文社，1966）。［日］大塚久雄《宗教改革と近代社会（四訂版）》（みすず書房，1964），第 99 页。Hugh Kearney，*Science and Change*，*1500－1700*（1971），［日］中山茂，高柳雄一訳《科学革命の時代——コペルニクスからニュートンへ》（平凡社，1972），日译本第 207，219—225 页。

② E. Troeltsch，*Die Bedeutung des Protestantismus für die Entstehung der modernen Welt*（1906，rev.1911），［日］西村貞二訳《近代世界とプロテスタンティズム》（創元社，1950），日译本第 59—60 页。Ernst Troeltsch，*Die Soziallehren der christlichen Kirchen und Gruppen*（1912），eng. edition；*The Social Teaching of the Christian Churches*（1931）.

斯·培根(Francis Bacon)为代表的不断深化的"方法论思考"所颠覆。依照科学史家亚历山大·柯瓦雷(Alexandre Koyré)的说法,"古代以来的宇宙的世界秩序之基础"被动摇,"有机的全宇宙开始崩毁",[①]至17世纪为止的200年间,公元前500年以来所接受的,经12世纪以后欧洲传统学问的艰苦努力而建构起来的几乎所有的假说、命题都被投入疑问的漩涡中。17世纪初,有一位诗人对这样的事态发出以下咏叹:

新的哲学怀疑一切,
火的元素终于消失,
太阳、大地、所有一切都在失去,
不知应于何处找寻它们。
在人们肆无忌惮的言说里,
恣意追寻游星之天际、苍穹之内涵的新奇,
然而,世界早已终结,
天地被打碎,万物归于原子。
一切变为尘埃,不复聚合,
相辅、相关宛如泡沫,消失殆尽。[②]

最显著的变革,在宇宙观的领域展开。地球已不再是宇宙的中心,而不过是围绕太阳的行星之一而已。一批诸如尼古拉·哥白尼(Nicolaus Copernicus)、伽利略(Galileo)、约翰尼斯·开普勒(Johannes Kepler)、勒内·笛卡儿(René Descartes)、艾萨克·牛顿(Isaac Newton)等"天才"数学家证明了这一事实。他

---

① A. Koyré, *From the Closed World to the Infinite Universe* (1957), [日] 野沢協訳《コスモスの崩壊——閉ざされた世界から無限の宇宙へ》(白水社, 1974); Hugh Kearney, *Science and Change, 1500－1700* (1971), 中山茂, 高柳雄一訳《科学革命の時代——コペルニクスからニュートンへ》(平凡社, 1972), 日译本第149—206页。

② John Donne, *Anatomy of the World, First Anniversary* (1611) (Nonesuch Press), p.202, A. Koyré, *From the Closed World to the Infinite Universe* (1957), [日] 野沢協訳《コスモスの崩壊——閉ざされた世界から無限の宇宙へ》(白水社, 1974), 日译本第50页。

们身上共同具有的，是从“世界的祛魅”的意识和咒术性因素无法侵入的数学性操作处理能力。他们的成功触发了新的思维方法——在天文学以外的领域里也可以运用依据数学方法的类推。① 17世纪，数学是攀登科学真理高峰的缆绳，是讨论客观真实的国际性通用语言。

与此并行的另一个决定性的变革是，西欧科学家自己进行“观测”，从中推导出全新的“假说”，开始新的“实验”的动向。培根试图将这种方法体系化的萌芽已经在14世纪得到认可，此后，在16世纪取得了扎实的进步，16世纪末以后聚集了诸多近代性的成果。这种新方式的实验方法，主要由伽利略、布莱兹·帕斯卡(Blaise Pascal)、牛顿等创立。

17世纪达到顶点的科学革命，最初以恢复古希腊科学的意向开始的，然而得到的结论却颠覆了古希腊关于宇宙的哲学性解释。至17世纪末，笛卡儿、牛顿取代了天文学领域的托勒密，伽利略取代了物理学领域的亚里士多德，安德烈·维萨里(Andreas Vesalius)、威廉·哈维(William Harvey)取代了医学领域的盖伦。在数学领域，与对数的发明同步，代数、解析几何等新领域取得了显著进步。其中给予当时人们最强烈冲击的是，完成轨道行星与落体的数学性综合的牛顿的《自然哲学的数学原理》(1687)。

如上所说，17世纪达到顶峰的科学革命，给欧洲社会、民众的思想以及生活的所有侧面带来的理性的刺激，促使这些发明获得飞跃式发展。科学史家称这种状况是笛卡儿、牛顿等“近代人”的权威取代了亚里士多德、柏拉图等“古代人”的权威的理性冲击。而自然科学的研究由属于“哲学会”(Philosophical Society)、“王家学会”(Royal Society)的成员组织起来，通过组织交换和公开信息而成为即将到来的启蒙时代的先驱。② 17世纪的欧洲以自然为对象，客观地把握自然的思想方法逐渐完成。

---

① A. koyré, *From the Closed World to the Infinite Universe* (1957)，[日] 野沢協訳《コスモスの崩壊——閉ざされた世界から無限の宇宙へ》(白水社，1974)，日译本第49—88页。Morris Kline, *Mathmatics in Western Culture* (1953)，[日] 中山茂訳《数学文化史》(河出書房新社，1956)。

② Hugh Kearney, *Science and Change*, *1500 -1700* (1971)，[日] 中山茂，高柳雄一訳《科学革命の時代——コペルニクスからニュートンへ》(平凡社，1972)，日译本第189—193，226—230页。

五、家庭面貌的变化

以上阐述的政治革命与科学革命都是表面上十分显眼的表层事件。但是，这些表层事件并不是单独发生的，而是复杂地交织在一起，是相互关联的社会性结构的一部分。因此，值得注意的是，在更深层的日常生活意识水平上，那些不太醒目的，乍看只是不断反复的长期变化的波动，较之“事件”，实际上正在发生更为重大的变化。在这些变化中，亲子关系、教养、教育意识等关于儿童社会化的新儿童观是如何形成的？这些意识是在怎样的家庭结构中出现的？这些意识以怎样的形式成为近代教育的社会性基础？……为了理清这些问题，这里将聚焦传统的家政书，以观察其缓慢解体的过程。

传统的家政书是为承担管理大家庭的经济活动和人际关系的全部责任的男性撰写的。如本书第三章第一部分所述，其内容涉及农场经营、果树栽培、酿造法、药草学、畜产学、给水、林业、儿童养育等当时自给自足的家庭经济所必备的具体技术知识。传统的家政书的特征表现为男性在承担其重大责任上必需的朴素经验主义的百科全书式知识体系，这形成了即将到来的启蒙主义与百科全书时代的社会史性质的前史。

这种男性专用家政书的起源可以追溯到古希腊色诺芬（Xenophon）的《家政论》和亚里士多德的《经济学》。之后，作为“家庭之学”的“家政学”由亚里士多德的主人的统治、父亲的统治、丈夫的统治的分类样式形成了“政治术”的前期内容，在生产水平比较低的共同体时代，考虑到体力劳动主要集中在男性身上，家政书表现为由能够使用文字的人书写男性统治的经验性知识的形式。[①]

传统的家政书在 16 世纪以后与“农学”结合，在迎来重商主义时代之后，更增强了以“男性家长之书”或“全家”（das ganze Haus）所代表的怀旧的印象，这与其说反映了领地统治的稳定性，毋宁说是一种危机的反映。这种情况如以英

① O. Brunner, *Neue Wege der Verfassungs — und Sozialgeschichte*（1968），［日］石井紫郎ほか訳《ヨーロッパ——その歴史と精神》（岩波書店，1974），日译本第 151—189 页。［日］飯塚信雄《男の家政学》（理想社，1977），第 49—154 页。

国为例，观察其15—16世纪至19世纪中期家庭结构的变化，可以获得更清晰的印象。[①]

最近的家庭史研究发现，英国的家庭结构在15世纪以后，经历了若干形态，缓慢地发生了变化。至少在上层阶级，1450—1630年开始出现了“开放的血统家庭”的形态，家庭生活比较容易接受家庭周围的共同体的规定与亲属的介入。

在依据血缘与血统结合，对于共同体的种种规定与亲属的介入没有防御的开放性扩大家庭出生的儿童，被置于一种相互扶助同时又相互监视的网络。在这种网络里，依据限嗣继承制、长子继承制或陪嫁金制度等，儿童成了实现家庭稳定经营策略中的重要工具。儿童与其说是处于指向未来人格完成的“发展可能态”，毋宁说仅仅被作为经济性关注的对象来认识其存在的意义。儿童是一种类似保险的存在。在因死亡而造成家族或系族断绝的传统社会，人们往往通过联姻的手段形成共同体之间及共同体内部家庭间的同盟。在这样的状态下，儿童在行使经济-血缘的势力均衡对策上担负着重大的作用。

1550—1700年，家庭模式逐渐转变为“限定父权制核心家庭”，共同体介入涉及的范围因家长的选择而受到限制，同时，伴随着家庭规模和家长权威的再次强化，形成了以家长-父亲为中心的小规模家庭。1600—1800年，共同体从血缘关系中分离出来，家庭逐渐变成由夫妇与儿童组成的“封闭性家庭内核心家庭”。这就意味着传统的家政书的解体[②]，同时也意味着新的家庭意识在社会的上层阶级开始萌生。分享日常烦恼和喜悦的儿童与家庭的形式是今天的我们十分熟

---

① 关于“全家”的理想化隐蔽了现实的封建制这一点参照以下文献。I. Weber-Kellermann, *Die deutsche Familie* (1974)；［日］鳥光美緒子《ドイツの家族——古代ゲルマンから現代》（勁草書房，1991），第91—95，124—125页；［日］若尾祐司《ドイツ奉公人の社会史——近代家族の成立》（ミネルヴァ書房，1986），第20—23页。关于家庭结构史主要参考以下文献。M. James, *Family, Lineage, and Civil Society* (1974)；L. Stone, *The Family, Sex and Marriage in England, 1500-1800* (1977, 1979)，［日］北本正章訳《家族・性・結婚の社会史〔簡約版〕》（勁草書房，1991）；K. Wrightson, *English Society, 1580-1680* (1982)，［日］中野忠訳《イギリス社会史1580—1680》（リブロポート，1991）；Ralph A. Houlbrooke, *The English Family 1450-1700* (1984).

② 传统的家政书，如以男性工作为主的家政书，在核心家庭化以后就不再需要了，其知识体系也不再需要了。——译者注

悉的。这样的家庭形成了部分感受孤独、部分感受共享的意识领域，产生了基本的生活意识。也就是说，在与他人孤立之中发现了幸福；对家庭以外的社会事件、人群无兴趣，不需要特定其称谓；同时也是一种排斥朋友、顾客、帮工和亲戚的意识。

这样的变化中，在“全家”平台上要求的人际关系及家庭成员的活动，即夫妇、亲子、家长与仆婢关系以及在家政与农业经营上需要的各种任务中，产生了理性与感情的不断冲突。传统的家政书的解体表现为支配广大农耕地的家长已经不能调停经营的“合理性”与家庭人际关系上的“情绪性”。这是一种“家”分裂为经营与家庭的变化中，与家长权威实质性地衰退相照应的变化。

六、17 世纪的家庭与儿童

在传统的扩大家庭的解体背后，存在着经济问题与家庭意识问题相互交织的状况，而且这两个问题在深层意义上是联系在一起的。一般认为，在经济上，共同体内分工的发展、自耕农阶层的成长、农村工场的扩大等，开始逐渐侵蚀共同体的基础。与此并行的是，16 世纪末，清教主义的“本土化”推动了再次强化家长权威的“限定父权制核心家庭”形态的产生。以丈夫、妻子及其子女为中心的夫妇家庭的心理的、伦理的关系受到重视，家庭成员间情感的纽带得到加强，而对家庭以外的人则表现出冷淡的情绪。

这种以儿童与夫妇为中心的近代核心家庭固有的心态，在新兴绅士阶层、专业职业阶层和自耕农阶层扩散。在 16 世纪末至整个 17 世纪成为热潮的育儿书和教养书大多是以他们为对象书写的。这些书籍的共同特点体现为关注夫妇关系、亲子关系的道德性方式，特别表现为强烈关注包括儿童的发育、教育等社会化的全过程。而这种心态与前面阐述的“世界的祛魅”的意识转变有着很大的关系。

这一时期开始大量出现的育儿书和教养书，通过文字具体体现了这一转型期社会中逐渐出现的对新共同体的新成员（即儿童）提出的社会性行为与情感的内容。这意味着通过经验获得的直觉或技巧，现在变成作为普遍可认识符号的文字，社会迎来了体验性知识可以通过文字媒介传递的时代。与此同时，在这些文献中显示的对经过洗礼获得的品位的憧憬，推动了品位的细分，也体现在禁止或鼓励儿童的事项的认可上。这类手册在进入某一个时期后突然形成热潮，以前不太受关注的儿童养育的方法，现在由教养或教育的指导手册来传递了。对照这样的事实，17世纪以后的教育思想开拓了与以往不同的解释的可能性。约翰·杜里（John Dury）、威廉·配第（William Petty）、塞缪尔·哈特立伯（Samuel Hartlib）以及与他们交往甚密的扬·阿姆斯·夸美纽斯（Jan Amos Comenius）等当时的教育改革论者的论述，也包括约翰·洛克（John Locke）的《教育漫话》（1693）等，形成欧洲近代教育思想。显然，当时的社会已形成产生和运用这种教育思想的要求。这些教育思想家的共同特点是，以儿童为考察对象，以教育目的为先导，深入考察现实要求的课程及其合理教学法。在表层变动剧烈的"转型期"社会，其深层形成了促使儿童适应特定社会结构与状况所需的行为与情感样式的意识，同时也可以看到，这种意识的形成带来了缓慢的质变过程，或把孩子看作成人的基准的时代性变化。在这样的意识沉淀的历史过程中，与大量写作"教养书"的写手一起，教育思想家起着划分时代分水岭的作用。

17世纪的清教徒比其他时代有着更为执着的精神追求。因此，在那个时代的人的类型上，取代传统指向型的人，出现了重视内在伦理品位的内在指向型的人，将结婚与家庭生活神圣化的许多家政书被广泛阅读这一事实，就反映了这一内在变化。他们追求重新解释新的市民社会中人际关系标准的恋爱伦理，以及由这样的价值观引导的家庭形成与家庭关系上的伦理。近代人对有内在品位的伦理观的依恋或许是因为预感到个人尊严与恋爱伦理本质上有相通的价值，但近代人要使亲子两代共同形成内在的品位并非易事。如本书第五章所述，清教徒以典型的内在指向型的人为榜样，对父母课以十分严格的道德性义务，对子女同样也课以很多要求。[①]

---

① D. Riesman, *The Lonely Crowd* (1960), ［日］加藤秀俊訳《孤独な群衆》（みすず書房, 1964），日译本第33—37页。

清教徒忠实相信《圣经》的教义：人处于现世的“灭绝之群”中，易迷失在恶的诱惑中，预定得到拯救的只是极少数人。正是因为深刻认识了易染指现世之恶的人的软弱，才会更严格地凝视自己的内在，迫切期望自身道德的完善，以得到拯救的保证。

因此，清教徒从儿童很小的时候就开始严格管教儿童，要求他们经常知晓作为神之子的“真正的自己”，从而能磨炼作为人的“义”。清教徒持有与体罚相比，心理惩罚更为有效等观念的儿童观，这与传统的原罪决定论的儿童观相比，有着本质上的差异。清教徒家庭中那些乍看十分严格的禁欲性管教，其实是深信儿童可教育性的一种反映。如果他们只照原样接受中世纪的原罪说，相信儿童原罪的永久性，就不会表现出如此高涨的自我改革与教育儿童的意识。宗教改革以后，改革派强烈关注道德性的背后，存在着儿童可教育性信念的增强。对照 20 世纪流行的颇为放任的教育方式，我们可以看到，表面严格的清教徒的管教，其背后是那个时代特有的对儿童的理性的爱。①

以儿童社会化为目的的这种成人的禁欲与权威主义价值观的单向投射和接近于冷酷的理性安排，对当时的儿童来说，只是“侵入性”“闯入性”的干涉而已，极易形成压抑内心的亲子关系。在对儿童理解度较低的阶段，父母越是想为了孩子而接近孩子，则越是压抑孩子的内心；越是以“教育”“爱”的名义行动，越是“窒息”儿童。要将“道德”教授给他人之际，则可能出现最为“非道德”的行为。当事人如能知晓这一点则是好事，但难办的是清教徒就是要成为“道德”的教育者。与父母充满爱的育儿意识与意愿相背，儿童本身具有的朴素的自然德行，其广度与丰厚没能得到延伸，儿童被强制要求绝对服从和毕恭毕敬地顺从家长，以浪漫主义的立场看，那样的儿童被冷酷无情地压制在被动与无权利的状态里了。

于是，在从传统的家政书中分化出育儿书、教养书的“转型期”，儿童接受的不再是以往从经济性观点出发的支配或传统价值的支配，而是作为全能道德教师的权威性父亲的直接支配。“限定父权制核心家庭”在将儿童从旧共同体传统价值的罗网中解放出来的同时，与其本意相反，如今又把儿童圈围进了道德主义

---

① Christina Hardyment, *Dream Babies—Child Care from Locke to Spock* (1983), pp.7 - 9.

的核心家庭里。

在这种时代转变中,家庭不再是仅仅关注其财产和门第长期延续的单纯的私有财产制度下的一个单位,家庭开始发挥道德的、精神的作用,开始关注儿童在身体和灵魂两方面的成长。对儿童的新的关注,带来了关于亲子关系的新意识,促使家庭产生新的感情生活。17 世纪的绘画表现出执着地充满感情地表达家庭幸福的倾向。这个时代的家庭战略及其伦理对下一代进入人生准备问题上的要求,不仅施予长子,也开始针对其他所有男孩,至 17 世纪末,女孩也进入了被要求的范围。17 世纪学校的超常发展,是由家长开始关注儿童的教育这一时代的新要求导致的。家庭与学校一起,在"教育"的名义下,将儿童提升到成人世界。以往曾是自由放任的学校,逐渐在严格的规章体制下将儿童围栏起来,压抑了儿童的自由发展。在这种体制下,曾经只是施予社会最下层的受刑者的鞭打、心理与物理性惩罚的禁闭,现在也施予了儿童。"这样的现象可以说正是在家庭以儿童为中心重新形成、家庭与社会间的私生活壁障开始形成的时候出现的。"①

阿里埃斯并没有过多地讨论宗教改革对 17 世纪儿童观的变化带来何种影响,但正是因为 17 世纪的改革派深刻地洞察了作为社会性存在的人的软弱,力图通过理性-禁欲的管教来促使儿童社会化,但这样的儿童观与压迫性的儿童观只是一纸之隔。17 世纪的社会在对待儿童的方法上面临着如何既不过度宽容而溺爱放纵,又不过度禁欲管教而压制儿童的课题。这个时代把如何建立一个适度的儿童观和教育观留给了后世。虽然几个世纪之后儿童再次受到束缚,但仍然可以认为,17 世纪是发现"儿童的发展有着不可替代的价值"的历史开端。②

---

① P. Ariès, *L'Enfant et la vie familiale sous l'Ancien Régime*(1960), *Centuries of Childhood: A Social History of Family Life*(1962), *Geschichte der Kindheit*(1975), [日] 杉山光信, 杉山恵美子訳《"子供"の誕生——アンシァン・レジーム期の子供と家族生活》(みすず書房, 1980), 日译本第 386—387 页。

② C. J. Sommerville, *The Discovery of Childhood in Puritan England*(1992).

第三章
近代化与儿童

一、“转型期”的儿童

1. 斯威夫特的“幼儿烹饪法”

乔纳森·斯威夫特(Jonathan Swift),就是那位与丹尼尔·笛福(Daniel Defoe)齐名,18 世纪英国代表性的讽刺文学家、空想小说家。他的《格列佛游记》(1726)广为人知。《格列佛游记》出版后不久,在英格兰与爱尔兰处于关系紧张之际,斯威夫特于 1729 年出版了一本小册子,标题为《为拯救穷人的多子女,转祸为福的愚蠢方案之一》①。他在其中讽刺道:如今增加非常之快的婴幼儿的肉是非常美味的,对老人而言十分滋补,是一种完美的食物,做成炖肉或烤肉,或煮或蒸,加工后售出,必得好评,生意兴隆。这番“鼓动”之后,他向读者提供了各种烹饪、调味方法的详细说明,并且热陈这些方法的好处:这样美味地消化多余的儿童,既可以帮助家长改善家庭收支,如果很想品尝这样的美味,则可以积极生育,对社会来说,减少了流浪儿、不良少年,也可以减轻国家财政负担,绝对是一举多得的社会政策。这种将小孩当作菜肴来食用的讽刺,即使把食人肉的风俗考虑进去,对在当时的欧洲与法国比肩、以文明为自豪的英国民众来说,其冲

---

① Jonathan Swift, *A Modest Proposal for Preventing the Children of Poor from Being a Burden to their Parents, or the Country, and for Making Them Beneficial to the Publick* (Dublin, 1729), pp.6 - 7.

击肯定不小。

斯威夫特为何要出版这本令人震惊的小册子呢？导致他提出这种“措施”的社会又是一个什么样的社会？另外，一般认为，从这一时期开始，出生率与死亡率失调，儿童的数量急速增加。为什么会出现这样的情况呢？

2. 被死神附身的儿童

关于18世纪60年代英国产业革命前的人口动态，缺乏持续可信的数据，目前不太可能准确了解当时的整体状况，但从最近的人口动态史、家庭史或地区史等领域得到的片段信息，可以得到较明确的提示：16世纪与17世纪的人口动态保持着一种锯齿状波形的稳定状态。①

“人口的稳定状态”有多产多死型、少产少死型两种类型。现代被称为发达工业国家的属于后一种类型，而16—17世纪英国的人口状况属于前一种类型，即出生的儿童多，但死亡的儿童也非常多。

从以下几个片段事实中可以了解这种倾向。例如，安·范肖夫人（Lady Ann Fanshawe）在1646—1665年生了14个孩子，其中活到成人的仅有2人。约翰·欧文牧师（Rev. John Owen）有11个孩子，其中10个在没有断奶时就死了。拉尔夫·乔塞林牧师（Rev. Ralph Josselin）在1642—1663年有10个孩子，其中已成人并建立家庭的只有5人。这种状态不仅出现在英国，在欧洲大陆也同样如此。比如被称为“西洋音乐之父”的约翰·塞巴斯蒂安·巴赫（Johann Sebastian Bach）与相继死去的几个妻子共有21个孩子，其中有13人早于他离世。同样有一个女性生了20个以上孩子的记录，而这种记录可能是因为事件本身比较特殊的缘故，除了可以确认通过多产来补充人口这种人口结构上的一般倾向，这些事实可能还具有这种一般倾向之外的意义。了解一下最近的家庭史研究成果，可以推断，当时一对夫妇一生拥有的孩子数最少为5—7人，最多为

---

① 关于英国这一时期的人口动态，除本书第一章P15注①所言文献以外，可参考以下文献。M. C. Buer, *Health, Wealth and Population in the Early Days of the Industrial Revolution* (1926); D. V. Glass, et al. (ed.), *Population in History: Essays in Historical Demography* (1965); D. Levine, *Family Formation in an Age of Nascent Capitalism* (1977); J. Whaley (ed.), *Mirrors of Mortality: Studies in the Social History of Death* (1981). 关于欧洲整体的人口动态史可参考这一文献：Michael W. Flinn, *The European Demographic System, 1500-1820* (1980).

12—20 人。[①]

如上所述,16—17 世纪的人为了克服猛烈的死亡,保证必要的生存数,必须求助于多产这种自然调节能力。与今天不同,那个时代的人经常感受到死亡就在身边,在他们的意识中,生与死的距离是非常接近的。荷兰历史学家约翰·赫伊津哈(Johan Huizinga)在其名著《中世纪的衰落》(1919)中真实地描述了 15 世纪是"记住你总有一死"(memento mori)的时代,整个时代到处都飘荡着一种担忧:死亡对任何人都是平等的,而且会毫无预告地来临;还有一种孤独与恐惧的时代感——无论在怎样的幸福之时,都会一个人死去。许多版画和美术作品反映了死亡这一主题,例如《浮想死亡》(兹沃勒的 IA 绘画大家,15 世纪末,藏于维也纳的阿尔伯特版画素描馆)、《袭击恋人们的死神》(汉斯·布克麦尔,16 世纪初,藏于维也纳的阿尔伯特版画素描馆)、《死与儿童》(格德微克,德累斯顿)[②]、《死与母亲》(格德微克,德累斯顿)[③]等作品。死亡往往袭击弱者,特别是儿童。绘画或版画中经常会描绘乳母在打瞌睡或母亲在授乳时,死亡就会带着孩子奔赴黄泉的情景,表明那个时代的人是如何在日常生活中感受和警戒着死亡带来的恐怖。[④]

在死亡极其日常化,死的形象有着如此强烈的真实感的时代,家长不会过多地对不知何时会死的孩子的将来抱以期望,并对其投射特别的感情。日常生活中的各种场景都会遇到开始腐烂的尸体,甚至空气中都飘浮着尸体的腐臭。死亡的人数太多了,教会的墓石、墓地经常不够用。为此,经常是遗体埋葬十多日后又被掘出,把骨头堆放在存放处,死尸就暴露在人们的视线中。当时人们的内

---

① I. Pinchbeck and M. Hewitt, *Children in English Society*, Vol.2(1969 - 1973); M. Lelong, *la Puériculture* (1957), [日] 山本高治郎訳《育児学》(白水社, 1960);C. Hardyment, *Dream Babies—Child Care from Locke to Spock* (1983); M. Prior, *Women in English Society 1500 -800*(1985), [日] 三好洋子編訳《結婚・受胎・労働——イギリス女性史 1500—1800》(刀水書房, 1989), 日译本第 35—75 页。D. Levine, *Family Formation in an Age of Nascent Capitalism* (1977); L. Stone, *The Family, Sex and Marriage in England*, *1500 -1800*(1977), pp.60 - 66, [日] 北本正章訳《家族・性・結婚の社会史——1500—1800 年のイギリス》(勁草書房, 1991), 日译本第 43—46, 53—55, 342—346 页。

②③ Hans Boesch, *Kinderleben in der deutschen Vergangenheit* (1900), pp.126 - 127.

④ J. Huizinga, *Herfsttij der Middeleeuwen* (1919), [日] 兼岩正夫,里見元一郎訳《中世の秋》(河出書房新社, 1972), 日译本第 267—291 页。 [日] 木間瀬精三《死の舞踏——西欧における死の表現》(中央公論社, 1974), 第 3—97 页。

心笼罩着的是，指向未来的生的连续性的断裂与被无尽的死亡幻想左右的“生者必灭的无常感”。①

在生育死亡率非常高的状态下，母亲冒着生命危险生下孩子，在生命会无常消失的时代，家长经常把生下后不久就死去的孩子的名字给下一个出生的孩子，这种行为背后蕴含着这个孩子是死去孩子替身的意味。人们盼望着遇上好运，能够有一个寿命长一点的孩子，所以同样的名字经常要用好多次，这里贯穿着的是，对家族连续性的强烈愿望。从 16 世纪末起，随着新教主义在日常生活中推广，人们开始在家庭内做礼拜，但“家用圣经”（Family Bible）——记录一家人出生、死亡、结婚等事项的白纸却很少记录死去孩子的名字。给每个孩子一个专属的名字，孩子死亡之后，在用美丽的花朵雕刻装饰的墓碑上刻上孩子的名字，让孩子生前的形象留在父母和其他人心中，这种感情在社会上生根，即便在上流社会，也是 18 世纪中叶之后才逐渐开始的。②

3. 寒冷期的疾病与医学

根据最近的气候史学以及植物-花粉考古学等的研究，16 世纪后半叶至 18 世纪初的欧洲迎来了一段寒冷期。③ 阿尔卑斯山地区常年不化的积雪增加，大理石的岩盘阻断了地下水的沉淀，冰河延伸至山麓边的村落。越过冰河吹来的寒冷空气覆盖着村庄，流过村落的河流水温下降，海水的温度也下降，季节风裹挟着寒气，人们必须竭尽全力设法度过冬天的寒冷。寒冷带来的长期农业减产与粮食供应不足，导致人们营养状况恶化，疾病抵抗能力明显下降。

各种新的地方病、传染病无情地袭击了处于慢性营养不良状态的人。在农

① J. Huizinga, *Herfsttij der Middeleeuwen* (1919)，［日］兼岩正夫，里見元一郎訳《中世の秋》(河出書房新社，1972)，日译本第 268 页。［日］小池寿子《死者たちの回廊——よみがえる“死の舞踏”》(福武書店，1990)。

② John Morley, *Death, Heaven and the Victorians* (1971), pp.13 - 18; Clare Gittings, *Death, Burial and the Individual in Early Modern England* (1984), pp.15 - 17, 212 - 214; L. Stone, *The Family, Sex and Marriage in England, 1500 - 1800* (1977), pp.66 - 82，［日］北本正章訳《家族・性・結婚の社会史——1500—1800 年のイギリス》(勁草書房，1991)，日译本第 52—54，176—221，336—337 页。

③ E. Le Roy Ladurie, *Histoire der climat depuis l'an mil* (1967); B. H. Slicher van Bath, *De Agrarische Geschiedenis van West-Europa, 500 - 1850* (1963)，［日］速水融訳《西ヨーロッパ農業発達史》(日本評論社，1969)，日译本第 249 页以后。

村能自给自足地维持人口稳定的时代，即便发生了这一地区固有的地方病，人们能依靠长期总结的民间经验，靠体质适应产生的抵抗力而免于死亡。但是，随着农村间的人员来往频繁，商业城市成为共同体人群间人员与物质交流的媒介，不从事土地耕作的商人、手艺人等职业人群的活动性提高，以前不为人知的各种地方病、传染病被带到新的地方。通商贸易的扩大伴随着病原菌的扩散，村落中的人们对于新的疾病处于完全无法防备的状态。

其中最为恐怖的是鼠疫的流行。原本只是亚洲部分地区地方病的鼠疫，在十字军东征以后，开始出现在地中海到意大利半岛的大片区域里，在1346—1350年在全欧洲蔓延，致使整个地区人口减半。鼠疫此后仍断断续续地流行，如17世纪的伦敦在1603年、1625年、1636年、1665年都爆发了鼠疫。[①]

对类似鼠疫的传染病及其他疾病，当时的医学采取了什么措施？16世纪和17世纪医学的共同特点是，用各种方法将造成疾病的“坏的气质”从身体里赶出去。“预防”和“卫生”观念的普及，则是在18世纪后半叶临床医学出现之后。

当时，从身体里把“坏的气质”赶跑的方法有两种。一种被称为“放血疗法”，即切开患部，放出“坏血”。当时还未使用麻醉，这种方法往往使得患者气绝身亡，或因失血过多、止血不住而死亡。另一种方法称为“吐泻法”，即给患者饮用吐泻药物，使患者将肠胃中的内容吐泻出来。由于给药的量没有基准，患者常常因体力消耗过大而衰竭死亡。上述方法在很多情况下都没有治好病，反而让患者丢了性命。另外，医生自身也会因空气传染、接触感染等，在治疗病人过程中生命受到威胁。除此之外，对放出的血液、呕吐物等的处理十分随意，人群聚集的街道、小城市很可能遭受第二次感染。

即便是在被科学史家称为“天才世纪”的17世纪，英国王立协会推进“科学革命”的人，对这些疾病也只能提出一些带有魔咒性质的处方而已。例如，当时学会的代表性实验物理学家、发现“波义耳定律”的罗伯特·波义耳（Robert Boyle）提出，将人类粪便干燥后磨成粉，吹入患者的眼睛以治疗内障病（白内障、

① L. Stone, *The Family, Sex and Marriage in England, 1500－1800*（1977）, pp.75－77,［日］北本正章訳《家族・性・結婚の社会史——1500—1800年のイギリス》（勁草書房，1991），日译本第55—56页。［日］立川昭二《病気の社会史》（NHKブックス，1971），第61—90页。

青光眼等)的处方;发现“胡克定律”并在宇宙观察、显微镜应用上作出贡献的罗伯特·胡克(Robert Hooke)提出,将头盖骨的粉末混合在其他药物中,制成治疗内障病的药物。当时,针对各种疾病的症状尚未确立病名分类法,奎宁治疗疟疾、吐根治疗痢疾、种牛痘预防天花这三种处方直至18世纪末才被广泛知晓,在此之前,各种带有魔咒性质的处方和民间疗法是当时的主要治疗方法。人们向占卜师、魔咒师、祈祷师以及声称为人的幸福而发挥作用的“白色魔女”祈求,向他们诉说对死与病的恐惧。对当时的医生与教会而言,这些咒术师是不可轻视且难以对付的竞争对手。①

4. 疾病与儿童

针对儿童疾病的处方也充满了魔咒性质的成分。当时中产及以上阶级的儿童出生不久便被送到乳母那里,委托给农村乳母照顾的儿童很快就会陷入营养不良的状态,最后因疾病和衰弱而丢掉性命的不在少数。这方面的情况在本书第四章第四部分将作详细阐述,其中重要原因在于当时被称为“裹卷襁褓”(swaddling)的育儿习俗。婴儿手脚伸直,整个躯体被细长的布条裹卷起来,只留头部在外面,形状犹如日本的小木偶人(kokesi)。当时大多采用这样的新生儿襁褓,这或许有其合理的方面,而被襁褓裹卷起来的婴儿时常被当作行李搁置在某个地方被遗忘,或被挂在墙上,甚至被抛投到远处等。特别是在冬天,婴儿的排泄物长时间黏附在皮肤上,他们也会因体温下降而被冻死。

除了这样束缚性的育儿习俗外,乳母魔咒性质的照看方法也是导致婴儿高死亡率的原因之一。婴儿食欲不振会被当作有肠虫在作怪,很多人让婴儿喝水银或锡粉,导致婴儿经常处于衰弱的状态,消化功能很弱,脸色苍白;而对疟疾、天花,还有很多儿童易感染的结核病,却没有任何有效的处方。对待健康的儿童,成人都是用手抓着来喂食的。用白蜡、铅、铜等材料做成的食用器皿,以及用牛角制作、很少洗涤的哺乳用的奶头等,把很多重金属、铜绿等有害的毒素、病原

① Thomas R. Forbes, *The Midwife and the Witch* (1966), pp.112－132; L. Stone, *The Family, Sex and Marriage in England, 1500－1800* (1977), p.80, [日] 北本正章訳《家族・性・結婚の社会史——1500—1800年のイギリス》(勁草書房, 1991), 日译本第61页。[日] 浜林正夫《魔女の社会史》(未来社, 1978), 第100—112页。

菌持续地带到幼儿体内，这也是造成儿童体质虚弱的重要原因。

据推算，17 世纪 40 年代英国新生儿的预期寿命为 32 年。另外，根据 1662 年约翰·格兰特(John Grant)的计算，伦敦出生的儿童预期寿命仅为 17.5 年。即使到了 18 世纪 30 年代，60%的新生儿在出生 5 年内就死亡了。从人口动态史上看，与寒冷期重叠的产业革命之前的几个世纪，儿童出生后不久就消失了，这时儿童是一种无常的存在。即便碰上好运能够度过婴幼儿期的儿童，也几乎都不能长寿，因此，当时人口中的大多数是 20 岁以下的年轻人，60 岁以上人口的比例还停留在个位数。另外，已婚人群中，四分之一是再婚者。① 不仅儿童，成人离死亡也很近。

女性受连续妊娠和严酷多产的自然生殖力的偶然因素支配，对于生殖过程毫无主体性可言。现代的孕妇不仅要为生孩子作准备，也在为养育幼儿作各种准备，而对当时的女性而言，从妊娠到做母亲的心理距离非常大，生孩子几乎等于准备死。因此，多产多死型社会中亲子关系的心理侧面、意识与感情，与现代的母爱、父爱以及被称为"亲子纽带"的感情是有很大区别的。我们在现代社会了解的带有近代浪漫主义色彩的母爱，可以说是对近代能部分支配的生命过程的现实投射出的情感的一种产物。②

5. 短暂的童年时代——寄养制与徒弟制中的儿童

对产业革命之前的儿童来说，童年是非常短暂的，而这不仅是因为儿童的死亡率高。即使幸运地度过了断乳期，当他们开始学会说话，可以与人对话，牙齿长齐，能同成人一样咀嚼食物后，男孩和女孩都要被送到另一个需步行一两天的家庭里寄养，在那里接受与成人一样的生活训练，这是当时的一种习俗。这种被称为"寄养制"——在别人家当佣工的习俗，在 1500 年左右的英国相当普遍。通

---

① L. Stone, *The Family, Sex and Marriage in England, 1500－1800*(1977), pp.56－58,［日］北本正章訳《家族・性・結婚の社会史——1500—1800 年のイギリス》(勁草書房, 1991), 日译本第 34—43 页。

② E. Sullerot, Woman, Society and Change (1971),［日］水田珠枝訳《変革期の女性》(平凡社, 1972), 日译本第 64—67 页;E. Badinter, *L'Amour en Plus: Histoire de l'amour maternel* (1980),［日］鈴木晶訳《母性という神話》(筑摩書房, 1991);E. Shorter, *The Making of the Modern Family* (1975);M. Prior, *Women in English Society 1500－1800*(1985).

常，儿童7岁离开家，做佣工直至14岁。

1500年左右访问英国的意大利旅行者，描述了这种寄养制习俗。

> 英国人的无情在他们对待孩子的方式上表现得很清楚。他们在家里养育自己的孩子最多到7—9岁，此后，无论男孩还是女孩，都要离开家，有7—9年的时间生活在别人家，在苛刻的管教下做佣工。这种习俗被称为徒弟制。在这一时期，儿童是别人家的下人，要做各种卑贱的事。几乎没有孩子能够逃避这样的命运。任何一个家庭，即便是非常有钱的家庭，也要把孩子送到别人家去，作为一种往来，也接受别人家的孩子。于是我问了他们采用这种苛刻的方法的理由，他们说，比起在自己家里，孩子在别人里会更好地学会礼仪举止。但是，据我所见，他们只是为了自身的随心所欲和享乐而这样做的。而且成人更容易接受别人家孩子的服务，这比使唤自己的孩子心安理得多了。①

当时英国的家长为了防止自己对孩子的溺爱，认为将孩子送去寄养或做徒弟是教育孩子的上策，而对这个意大利旅行者来说，对照文艺复兴时期繁荣的意大利商业城市的生活样式与文化水准，英国的这种寄养习俗也许确实是落后与野蛮的。

实际上，对中产与下层阶级而言，这样的寄养制是与两种利害关系重叠在一起的。寄养的方式被一些家庭接受，是因为这些家庭正处于需要儿童劳动力的时期。儿童在得到最低限度的衣食住保证的条件下，必须忍受苛刻的劳动掠夺。而对于正处于有剩余人口的家庭而言，将儿童送去寄养可以调整家庭人数，减轻养育负担，在一段时间里"减少吃饭的嘴巴"。但这种方式经常会变为永久性的"减少吃饭的嘴巴"，因为被送去寄养或做徒弟的儿童，死亡率是非常高的。恶劣的营养状况与苛刻的劳动掠夺，再加上包括性虐待的各种肉体与精神上的虐待，

---

① C. A. Sneyd (Trans.), *A Relation or rather a True Account of the Island of England ...about the year 1500. by an Italian*, Cam. Soc., Vol. XXXVII (1847), pp.24－25.

是儿童死亡率高的主要原因。寄养制是在共同体内一些家庭的生育、养育能力与劳动需求的平衡上产生的，也是那个将儿童作为消耗品的时代的儿童观在经济和社会上的一种表征。

寄养期结束后，儿童14岁后大约有7年的徒弟生活。按照1563年的《学徒法令》，即所谓"伊丽莎白艺徒法"，儿童需要在这段时间内习得能够自立的专业技术。这种徒弟制的推广从内部开始侵蚀农村共同体以土地耕作为基础的自然经济体制，预示着不依赖土地的职业领域形成的时代到来了。多种专业工匠在共同体之间来往成为传统共同体解体的因素之一，在这样的时代，获得有技术的职业对儿童来说是他们人生中最大的课题。

特别是在宗教改革后新教主义地区化的过程中，职业对基督徒而言是爱他人与在来世得到拯救之证明的可行之事，依据神的召唤的"天职"赋予了所有职业平等的伦理价值。被称为清教徒的自耕农阶层或专业技术职业阶层的人们在内心遵循这样的价值基准，在社会交往中践行这样的价值基准，以尝试"内在品位的伦理"方式，证实"追求职业人之所以为职业人"的内在精神。①

针对职业人的训练并不仅仅局限于男性，中世纪至近代漫长的转型过程中产生的各种职业对女性同样是平等和开放的。这种情况正如研究中世纪的史学家艾琳·鲍尔(Eileen Power)曾指出的，从"转型期"产生的职业词汇使用女性词尾(-er,-ress)这点上就可以理解。比如，面包店(bakester)、梳毛②店(kemster)、洗衣店(launderer, laundress)，其他如表示水产店、肉店、织网店、香料店等职业的词汇都显示，这些职业有女性的参与。③

显示这个时期女性与职业联系的词汇中有一个广为人知的词——"纺织娘"(spinster)，这个词在1580—1620年开始带有"未婚女性"的含义，取代了以前包含已婚和未婚女性的"纺织娘"的含义。由于农村工场间的扩散，吸收了许多未

① M. Weber, "Die protestantische Ethik und der Geist des Kapitalismus" (1904 - 1905) *Gesammelte Aufsätze zur Religionssoziologie*, Bd. I (Tübingen, 1921), [日] 梶山力，大塚久雄訳《プロテスタンティズムの倫理と資本主義の精神（下）》(岩波文庫, 1962), 日译本第245页。

② 梳毛：毛纺织的一道前期工序。——译者注

③ E. Power, *Medieval Women* (1975), p.65, 中森義宗，阿部素子訳《中世の女たち》(思索社, 1977), 日译本第68页。

婚女性作为劳动力，在“纺织娘”从家庭作坊中渐渐消失，在工场劳动逐渐成为主流的过程中，有些年轻女性过了适婚期还留在自己家里。而这个词汇转变为与职业无关，作为强调“婚期过后的未婚女性”的意义来使用，则与那一时期相隔了很长时间。

如上所述，女性在职业领域十分活跃。几乎所有纺织业、丝织业，大部分机织业、酿酒业（主要是葡萄酒）都掌握在女性手中，女性能够用自身掌握的技术养活自己。①

6. 分工的发展与亲子关系的变化

不同时代不同社会阶层的父母希望子女实现的目标与理想各不相同。依据时代背景与产业结构，什么样的职业可以得到生活所需的“稻粱”，可以向着实现理想迈进？每个职业期待的想法不同，则生活方式亦不相同。

在以农业为中心的社会，儿童在其父辈传下来的土地上，继承传统固有的工作方式和生活方式，便能使生活安定得到保证。在这当中，父亲作为一个自立人的形象是最具体、最贴近的存在。儿童如果把父亲作为“发展的榜样”，继承其背后存在的传统价值，就会被认可是一个成人。戴维・里斯曼（David Riesman）将这样的人类型化，称为“传统导向性人”，区别于此后历史中出现的“内部导向性人”“他人导向性人”。②

而在农村共同体向城市产业社会转型的长期过程中，与农业生产相伴的较为简单的分工形态向与工厂生产及大范围市场流通相伴的矿山业、制铁业、制造业、流通业、销售业等新的复杂的分工形态转型。

分工的种类及特性可以通过观察那个时代的生产活动依靠什么样的动力源、燃料源来了解其大致状态。③ 16 世纪 30 年代，煤的年产量不过 20 万吨，燃

---

① Hans Medick, “The Proto-Industrial Family Economy: The Structural Function of Household and Family during the Transition from Peasant Society to Industrial Capitalism”, *Social History*, No.3 (1976), pp.291－315.

② D. Riesman, *The Lonely Growd* (1960), ［日］ 加藤秀俊訳《孤独な群衆》(みすず書房, 1964), 日译本第 9—11 页。

③ E. R. Pike, *Human Documents of the Industrial Revolution* (1966), pp.75－218; Werner Sombart, *Liebe*, *Luxus und Kapitalismus* (1922), ［日］ 金森誠也訳《恋愛とぜいたくと資本主義》(至誠堂, 1969)。［日］ 角山榮《生活の世界歴史　第10巻　産業革命と民衆》(河出書房新社, 1975), 第 21—65 页。

料源主要是木炭。在以火力较弱的木炭为燃料的时代，分工主要集中在各种工具制造业内部，从而形成了木匠、锁匠、铸铁匠、水车木匠、钟表匠等职业，他们以比较富裕的地方小城市为基地，在农村里巡回、暂住，整个生活情景是牧歌式的。但随着森林被砍伐，木材价格高涨后，燃料源开始重视利用煤，进入17世纪40年代后，煤的年产量超过150万吨，在产业革命达到顶峰的1850年，英国煤的消耗量接近600万吨。由此形成了利用大功率的煤炭火力的新分工，产生了制盐业、造船业、玻璃制造业、铁丝制造业、硝石火药制造业、精糖制造业、石碱制造业、明矾制造业、染色业、窑砖制造业等，其周边又有很多关联的产业。而无法继承父亲职业的次子、三子及女儿，就被这些新的劳动力市场吸收。

随着社会分工的发展，产业界需要确保有充足的年轻劳动力，年轻人需要确认有可以自立的道路，社会上出现了各种给父母和年轻人阅读的“职业介绍”。例如，斯威夫特的《仆婢学徒训》(1745)①针对佣工领班、厨师、车把式、马夫、看门人、挤奶女工、侍女、乳母、洗衣工、女家庭教师等各种职业，用一种诙谐的语调传授了相关的处世训导。其他如罗伯特·坎贝尔(Robert Campbell)在《伦敦商人手册》(1747)②中写道：“本书为父母提供使其子女自立的信息，也是年轻人在职业选择上的指针。”书中介绍了书店、陶器店、药店、内衣店等约80种零售业的职业，详细介绍了各种职业的工资、劳动时间，以及需要多大数额的独立资金，需要办什么手续及要注意的地方等。

这类职业介绍的出现反映了在传统共同体解体，曾经是儿童社会化榜样的父亲的职业丧失传统价值，家长无法为孩子职业选择提供指导，不得不依靠家庭外的传媒出版机构。社会分工越来越复杂，这使得社会上大多数儿童和年轻人已经无法原封不动地接受传统上父母起到的作用。

7.“男子家政书”的时代

“转型期”分工发展的漫长历史过程，同时也是传统的“男子家政书”体系缓

---

① J. Swift, *Directions to Servants* (1745).

② R. Campbell, *The London Tradesman, being a Compendious View of All the Trades, Professions, Arts, both Liberal and Mechanic, Now Practiced in the Cities of London and Westminster. Calculated for the Information of Parents, and Instruction of Youth in their Choice of Business* (1747).

慢解体的过程。传统家政书中广为人知的一个例子就是沃尔夫·H. 冯·霍贝格(Wolf H. von Hohberg)的《笃农训——贵族的农村生活》(1682)。[①] 此书最为典型地反映了德国传统农村共同体中大领主与家族经济的状况。通过下述目录可以了解其内容梗概。

第一卷　农场及领地的构成
第二卷　男性家长的活动——教育、贵族的教养、支配关系
第三卷　女性家长的活动——女儿们的教育、烹饪及其他
第四卷　葡萄栽培、酿造法、果树栽培
第五卷　蔬菜、药草及其他(一)
第六卷　蔬菜、药草及其他(二)
第七卷　农耕、副业
第八卷　马
第九卷　家畜的饲养
第十卷　养蜂、养蚕
第十一卷　给水
第十二卷　林业、狩猎

从上可见,此书具有"百科全书式的性质",也可见当时自给自足的家庭经济状况。书中对男性家长的理想形象作了如下描述:

他分配关于整个家庭的事务,提醒每个人注意是否完成了各自的任务,认真监督任务的执行。为此,只要外界与职业上的状况允许,他就待在家里,照看整个家,进行指导,当出现困难的时候,出面援助。他在对义务的热情、永不厌倦的勤奋上,比家里的任何一个人都优秀。他拥有所需要的全部

① Wolf H. von Hohberg, *Georgica curiosa oder Adeliges Land-und Feldleben* (1682); O. Brunner, *Neue Wege der Verfassungs — und Sozialgeschichte* (1968), [日] 石井紫郎ほか訳《ヨーロッパ——その歴史と精神》(岩波書店, 1974), 日译本第151—189页。 [日] 飯塚信雄《男の家政学》(理想社, 1977)。

知识，对可以避免的危险采取安全措施，对无法避免的危险采取防卫措施。这样的男性家长在思考判断上是家庭社会整体的第一人，是最为贤明的人，是所有男性之德的典范……家里的男性成员如果要寻找最为高贵的榜样，男性家长就是最为典型的模范。

书中对女性家长的理想形象则作了如下描绘：

与男性家长并列，作为家庭的女主人，负责指导家庭内部事务的代表是家母。如果男性家长是家庭男性成员的模范，那么代表所有女性德行的模范就是女性家长。家庭的女性成员如果要寻找最为高贵的榜样，女性家长就是最为典型的模范。虽说男性家长和女性家长存在类似性，但不能忽视两者立场上的某些不同：宣布她是女主人的是丈夫，男性家长在关于家庭内部的事务上可以取代女性家长单独行事。家庭内的事务是女性家长本来的生活领域，在这个领域里按自己的本性作出努力，女性家长自然不会逊色于男性家长。女性家长一直将家庭的整体放在心上，从早到晚秩序井然地运行一切事务。女性家长避开喧哗的社交，特别是华丽的社交场合，喜好沉静，不花费不必要的费用。女性家长不追求与身份不符的住所与装饰，认为追求流行是愚蠢的，应该被鄙视。女性家长一直默默地工作着。①

这里能看到的不是男性家长和女性家长构成家庭的个人权利，而是男性家长和女性家长对家庭整体的义务，履行被赋予的职责的热诚的道德性。女性家长在名义上被赋予了价值，实质上男性家长不仅在生物学和情绪方面，而且在家庭的法律秩序维护与作为面对周围共同体的权利代表者方面的作用也很明显。但随着市民生活的成熟，这样的“好男性家长”“好女性家长”的形象显现了其矛

① Josef Kulischer, *Allgemeine Wirtschaftsgeschichte des Mittelalters und der Neuzeit*, Bd. 2 (1958), p.187. rep. in R. König, *Soziologische Orientierungen* (1965), p.24.

盾之处。近代家庭的结构性变化伴随着感情的变化，“情爱个人主义”的高涨在公共生活的许多方面破坏了前文所述的传统的角色分工。[①]

原本传统的“男子家政书”的基础是以农业为中心的大领主型经营。这样的经营方式是以领地家庭成员的无偿劳动，主人（男性家长）对全体成员的全面统治而得以维持，因此必然采取以男性家长人格优越为前提的“全家”结构。家政书具有规范性功能，即作为广义“宪法”的基本要素的功能，在自然法之下形成一个“自由圈”，以此为中心，保持“家的和平”。

在这样的家庭里出生的儿童，与其说是作为指向未来人格完成的“发展的可能态”，毋宁说仅在经济性的关注范围内认可儿童存在的意义。通过血缘、血统的结合，在对共同体规则无防备的开放的扩大家庭和大家族里出生的儿童，在形成相互扶持又相互监视和相互干涉网络的人际关系中，依据限嗣继承制、长子继承制或陪嫁金制度，成为稳定经营家庭的重要工具。在这当中，通过儿童的婚姻形成共同体之间或共同体内部家庭间的同盟，起维持经济势力均衡的重要作用，所以儿童成年后结婚通常带着大片的土地和可处分的财产。支持儿童这种存在结构的是将儿童视为经济性资本的儿童观。

8. 家政书的解体——育儿书、教养书的时代

在英国以帕斯顿（Paston）家族为首的中世纪后期的名门家族中，“儿童的婚姻是扩大一族豪门势力竞争上的记分表，这种方式被认为在获得货币和领地，得到强有力的保护者的援助上能够发挥作用。假如被奉上祭台的牺牲品（一般是女性，如自己的女儿等被监护人）反抗的话，会被诉诸难以相信的野蛮的肉体刑法加以镇压”。[②] 英国在 14 世纪中叶开始摆脱旧的庄园（manor）型土地制，推行

① L. Stone, *The Family, Sex and Marriage in England 1500 - 1800* (1977); L. Stone, “The Rise of the Nuclear Family in Early Modern England”, in Charles E. Rosenberg (ed.), *The Family in History* (1975), pp.13 - 57.但这一变化如斯通本人在简约版序文中所阐明的，只是存在于乡绅阶层以上的阶层。即使是对变化图式的过度简略化与社会阶层的偏颇做出修正的 K. 赖特森也指出，斯通的研究“即使在现在也是关于 17、18 世纪英国精英家庭生活信息的宝库”。K. Wrightson, *English Society, 1580 - 1680* (1982), Chap.3, note 11, ［日］中野忠訳《イギリス社会史 1580—1680》（リブロポート, 1991），日译本第 74, 84, 111—112, 125 页。O. Brunner, *Neue Wege der Verfassungs — und Sozialgeschichte* (1968), ［日］石井紫郎ほか訳《ヨーロッパ——その歴史と精神》（岩波書店, 1974），日译本第 161 页。

② G. M. Trevelyan, *English Social History* (1942), ［日］ 藤原浩，松浦高嶺訳《イギリス社会史》（みすず書房, 1971），日译本第 57 页。

生产物地租，进而向地租货币化发展，因此赋役农奴制逐渐解体，共同体内的权力关系开始发生变质。从 16 世纪末开始，土地的耕作权和所有权制度开始从誊本制土地拥有制（copyhold）转变为定期借地制（leasehold），通过明确雇农的权利意识，以法律的契约关系取代了之前的统治者（领主）与下属者的传统人治关系。15 世纪是"农民斗争的时代"，而此后的"诉讼的时代"对法律从业人来说是一个收获的时代。以后，被称为继牛津大学（University of Oxford）、剑桥大学（University of Cambridge）之后的"第三大学"的律师学院（Inns of Court）迎来了繁盛时期，名门贵族为了维护家族的名声和财产，都争相将子女送入这样的大学学习。从这些情景中可以理解这种时代变迁。①

由于共同体分工的发展、自耕农阶层的成长、农村工场的推广，传统的扩大家庭的基础被侵蚀，呈现出十分明显的衰退倾向。与此并行，16 世纪末开始出现的清教徒的地区化，再次强化了男性家长的权威，产生了"限定父权制核心家庭"。这样，取代以往的血缘-血统关系，以丈夫及其妻、子为中心的夫妇家庭（conjugal family）被强化，夫妇家庭的心理、伦理关系受到重视，家庭内情爱的纽带被强化，此外也萌生了对家庭外的人冷淡的感情。近代的个人主义心态，正是由这种对家庭内成员亲密的感情与家庭外排他的冷淡构成的，家庭与社会在意识上处于分离甚至分裂的状态。

这种近代家庭特有的心态在新兴绅士阶层、专业工匠阶层、自耕农阶层中扩散，16 世纪末至 17 世纪前半叶形成热潮的育儿书、教养书正是以这三个阶层为对读者对象，关注夫妇间、亲子间的伦理方式，特别是逐渐强化了对儿童的道德性关注。比如多次重版的威廉・古奇（William Gouge）的家政书（1622）②，用 8 篇文章、591 个条目、700 多页的篇幅来论说夫妇、亲子、主从间的关系及各自的责任和义务。

这类家政书的作者多半是清教徒。清教徒属于"内部导向性人"。如前文所

---

① G. M. Trevelyan, *English Social History* (1942)，［日］ 藤原浩，松浦高嶺訳《イギリス社会史》(みすず書房，1971)，日译本第 67 页。

② W. Gouge, *Of Domesticall Duties, Eight Treatises. Whereunto are added Patterns of Players for the Severall members of a Family, gathered out of the severall Treatises of Domesticall Duties* (1622).

述，论说婚姻的神圣化与家庭生活禁欲主义性质的伦理化的家政书、育儿书等手册性质的书流行，从中可以观察到，“传统导向性人”逐渐被取代，这一时期开始出现重视有内在品位与伦理的“内部导向性人”。

这种清教徒的儿童观与传统以体罚为中心的原罪主义儿童观在内在本质上是不连续的。如果说易造成“依恋”的育儿方式是源自“慈爱”的儿童观，那么清教徒的儿童观可以称为“严慈”。清教徒家庭里严格的禁欲主义教养表现出对陶冶儿童可能性（bildungsfähgkeit，educability）的极大期望，以及浓厚、深切的道德关注。

但这种从成人的禁欲的、权威主义的价值与期待感出发的单向投射，以及对儿童性格形成的成人中心的理性思考，极容易形成干涉儿童内在心理世界的亲子关系。于是，在这样的家庭里并不能形成如儿童本性的朴素自然的充实德性，而是在无人情地强制要求下，形成了儿童的绝对服从和形式上的礼仪恭顺等被动性态度。

在育儿书、教养书开始取代传统家政书出版的时代，为取代以往从经济性观点出发的支配，儿童要接受作为道德教师的父亲的权威性支配。“限定父权制核心家庭”在使儿童从共同体的旧式传统价值体系的网络中解放出来的瞬间，又将儿童圈入道德主义的核心家庭，置于父亲不可逾越的权威之下。这种圈拦的另一个要素则是清教主义中强调的母性，清教徒写的家政书、育儿书十分重视母乳喂养。书中关于家庭中妻子与母亲的义务的论说起到了将这个时期的女性圈入家庭的作用。父亲越是以崇高的道德理念热心地倡导家庭的神圣化，则把女性与儿童圈入家庭并施以教养就越加有明确的伦理价值，越加合理化。把女性圈入逐渐丧失生产功能的核心家庭，意味着阻塞了女性经济上自立的道路。这是在长期的“转型期”过程中产生的围绕近代亲子关系的最大矛盾，这一矛盾深刻地影响了其后出现的育儿论、幼儿教育论和教育思想等意识形态。

进入具备军事机构（常备军）与官僚组织的专制主义近代国家（nation）形成时期，“父亲”被“君主”取代，合理计算人口与经济的新的经济社会从古代国家（respublica）的形象中分离出来，其关注点聚焦于“殖民”与“交易”。这样，“家”分裂为经营与家庭，经营的“理性”与家庭的“感性”形成明显对立。这一倾向与近代家庭中男女角色分工固定化的倾向相照应。以配第、洛克、亚当·斯密(Adam Smith)和弗朗索瓦·魁奈(François Quesnay)提出的货币论、经济循环论、市场经济论等形成专门学问,进而构成理性的国民经济学之基础。以农耕地、大领主、共同体为基础的传统家政学,被18世纪正式形成的以城市、交通网、流通体系为基础的新的经济学代替。传统家政学以"家庭收支管理"的形式,在有计划、合理地计算家庭收支平衡上维持着自己独立的功能,"经济的"(wirtschaftlich, economic)一词新加入了"俭朴""节俭"或"不浪费"等含义。由16世纪的马丁·路德(Martin Luther)塑造的严肃的父亲形象,由于18世纪后出现在历史舞台上的充满爱和温馨的"家庭"形象的传播受到威胁。而进入19世纪中叶,"家庭中的各种关系松弛,过去敬畏神的严格教育荒废了,而且即便到如此程度,能构筑起'家'的力量还时常受到学校的破坏"。①

经过很长的"转型期",传统的家政书丧失了百科全书性质的整体性、自给自足性和自律性,无数的育儿书、教养书开始出现,并在各自的专业领域发展。随着比顿(Beeton)夫人的《家政书》(1861)②这类图书的出现,原先的育儿书、教养书转变为面向女性尤其是家庭主妇的烹饪读本,以及内容贫乏的关于城市小家庭收支管理的手册;与此同时,"男子家政书"消失了,过去大领地的各种功能,被近代国家各个部门的行政功能吸收。

二、产业革命与城市化中的儿童

1. 人口为什么会增加——家庭工业与儿童的数量

如上所述,在产业革命前的16世纪至18世纪中叶,多产多死型的人口动态处于锯齿状的停滞状态。人口平衡被打破,出生数超过死亡数,关于人口开始快速增

① O. Brunner, *Neue Wege der Verfassungs — und Sozialgeschichte* (1968), [日] 石井紫郎ほか訳《ヨーロッパ——その歴史と精神》(岩波書店, 1974), 日译本第161页。

② I. Beeton, *The Book of Household Management* (1861).出版后多次重版的这本家政书是维多利亚时代家政书的范本。但从1981年的版本看,总页数1112页中关于"育儿""儿童照看"的栏目仅在卷末占了45页,在2571项项目中只设了123项。

长的时间、原因,目前还没有定论,在此,我们参考戴维·莱文(David Levine)的研究等,[①]尝试从家庭工业的发展与儿童数量的变化来论述这个问题。

图3-1是英国莱斯特郡(Leicestershire)谢普谢德村在1600—1850年这个被称为英国产业革命典型过程中洗礼数、结婚数、埋葬数的变化。从这一长期人口波动中可以看到:第一,1680年以前,洗礼数与埋葬数基本相抵,人口增长处于停滞状态;第二,1680—1720年,洗礼数略有增加,人口出现渐增现象;第三,1735年以后洗礼数远超埋葬数,人口快速增加。加之1750年以后结婚数也迅速增加,1810年左右,人口数达到峰值。

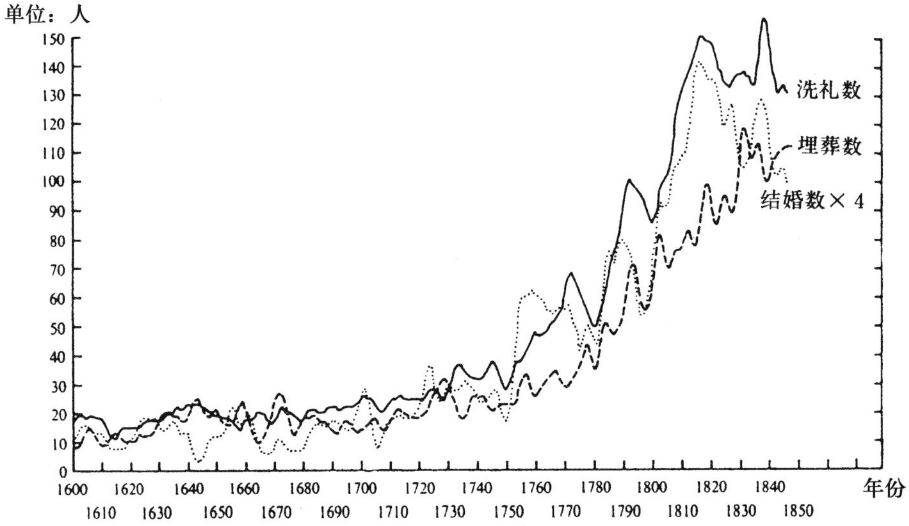

图3-1 谢普谢德村结婚数、洗礼数、埋葬数的长期波动

出自:D. Levine, *Family Formation in an Age of Nascent Capitalism* (1977), p.59.

图3-1显示了结婚数的三个峰值。第一个峰值为18世纪50年代至60年代。这一时期,由于贸易出口增长与技术发展革新,生活水平提高,年轻人对婚姻生活的信心增加。第二个峰值在18世纪80年代。但是因为拿破仑战争开始,男

① D. Levine, *Family Formation in an Age of Nascent Capitalism* (1977), pp.58-87; R. Schofield and E. A. Wrigley, "Infant and Child Mortality in England in the Late Tudor and Early Stuart Period", in Charles Webster (ed.), *Health, Medicine and Mortality in the Sixteenth-Century* (1979); T. McKeown and R. G. Record, "Reasons for the Decline of Mortality in England and Wales during the Nineteenth-Century", *Population Studies*, Vol.16(1963).

子大多被征入伍，18 世纪 90 年代结婚数就减少了。第三个峰值在 19 世纪 10 年代。

导致结婚数出现三个峰值的经济、社会原因是什么？在此，对照结婚数的波动与初婚年龄的波动，考察其中缘由。

图 3-2 是谢普谢德村初婚年龄的变化图。从中可以看出，结婚数的三个峰值与初婚年龄的下降是重叠的。这个村庄在 17 世纪的初婚年龄，男子为 29.4 岁，女子为 28.1 岁；1825—1851 年的初婚年龄，男子为 24.1 岁，女子为 22.6 岁。另外，1600—1699 年结婚的全部新娘中，30 岁以上的新娘已经超过 25%，20 岁以下的新娘只占 6.6%。但在 1825—1851 年，30 岁以上的新娘只占 9%，20 岁以下的新娘占 25%。在这 150 年间，男女的初婚年龄都下降了 4.5 岁。

图 3-2　谢普谢德村初婚年龄的变化

出自：D. Levine, *Family Formation in an Age of Nascent Capitalism* (1977), p.59.

像谢普谢德村那样的以家庭工业为主的阶层的早婚化，与上流社会的晚婚化恰好形成鲜明对照。根据 S. 佩勒（S. Peller）的研究，[①]在整个 16 世纪和 17 世

① S. Peller, "Births and Deaths among Europe's Ruling Families since 1500", in D. V. Glass and D. E. C. Eversley (ed.), *Population in History: Essays in Historical Demography* (1965), pp.87-100.

纪，上流社会贵族阶层男子初婚年龄为25.9岁，女子为20.2岁；1800—1849年，男子初婚年龄为27.5岁、28.3岁、28.4岁，女子为22.7岁、21.7岁、22.2岁；到1850—1899年，男子初婚年龄达到29.95岁，女子为22.5岁。如上所述，结婚数的减少、平均寿命的延长，使得早婚的迫切性减弱了。其结果是，16世纪与17世纪36%的再婚率，在1850—1920年降低到了13%。

与此相对应，家庭工业地区的早婚化，间接延长了女性的育儿期，女性生育年龄下降的同时，出生率上升了。但这一现象并没有最终回答是什么原因导致人口增加这一问题。为何这一时期的年轻人期望早婚？是怎样的社会经济变化保证当时年轻人可以通过结婚获得独立？为了解答这一疑问，下面将视角聚焦于家庭工业中亲子关系的变化。

英国家庭工业从15—16世纪就开始了，这与耕地所有制的变化有着密切关系。前文谈到的"男子家政书"解体的时期，正是曾经有着大领地的名门家族无法满足经营其领地，无法抗拒伦敦大商人购买土地的力量时，农地成为商品，成为商业资本投资的对象，这一变化造成将农地变为牧羊地，出现将农民赶出领地的事态。小自营农的土地所有权被剥夺，土地成为资本家的直营地。农民被迫放弃土地的终身所有权，其原有土地变为定期租借地，最终，连共有地的入会权也被剥夺，成为无土地者。① 16世纪开始的小自营农及其他小农民的无产阶级化，产生了大量流浪汉、盗贼等"边缘人群"(marginal man)，形成共同体外广大的劳动力市场。16世纪到产业革命前的英国是一个"流浪者""出局者"(outsider)的时代。②

在考察产业革命与儿童的关系时，一般会关注工厂中儿童劳动的悲惨状况，而常常忽视这一时期前家庭工业中的儿童劳动问题。正如历史学家克里斯托

① H. J. Habakkuk, "English Landownership, 1680 - 1740", *The Economic History Review*, Vol.X, No.1(1940), ［日］川北稔訳《18世紀イギリスにおける農業問題》(未来社, 1965) 收录, 日译本第22—23, 42—43页。

② I. Wallerstein, *The Modern World-System I: Capitalist Agriculture and the Origins of the European World-Economy in the Sixteenth Century* (1974), pp.117, 139,［日］川北稔訳《近代世界システム（1）》(岩波書店, 1981), 日译本第152—153, 209—214页。Eric J. Hobsbawm, *Bandits* (1969), ［日］斉藤三郎訳《匪賊の社会史——ロビン・フッドからガン・マンまで》(みすず書房, 1972)。D. Levine (ed.), *Proletarianization and Family History* (1984), pp.87 - 127.

弗·希尔(Christopher Hill)所指出的:“说工厂制度导入儿童劳动而攻击它其实是很愚蠢的。”因为在洛克的时代之前很久,儿童劳动在家庭工业内就已经日常化了。工厂制度给博爱主义者带来巨大冲击,是因为资本家的利润直接依赖儿童劳动,且这些事实都处于公众视线中的缘故,而儿童劳动在家庭工业中早已隐蔽地存在着。①

农村中家庭工业的普及,能够保障一定的生活水准,儿童就比以前更久地留在自己家里了。这样,寄养制就逐渐衰退了,家长开始考虑让孩子尽可能长地待在自己的家里。由于不太需要熟练度的单纯劳动进入生产过程,于是就出现了可作为“穷人的资本”的儿童的单纯劳动或辅助劳动的产业结构。家长为了依靠儿童的劳动,获得按人数计算的劳动收入,开始生育更多的孩子。以前,生下来的儿童多半在不到十四五岁时就死了,现在“要是孩子死了损失就很大”。18世纪前半叶,随着家庭工业的景气,要维持家庭工业的发展,就需要有尽可能多的劳动力。年轻人通过自己的劳动,可以在比较年轻的时候就建立新的家庭。前文图3-2初婚年龄的下降就反映了这一时期传统徒弟制的衰退。在徒弟制时代,21岁左右好不容易从师父手下的徒弟生活中解放出来的年轻人,不到30岁左右根本无法获得自立的条件,而现在,年轻人可以通过自己的工资收入早一点结婚自立。这个时期,很多村落的年轻人中流传着“娘子能纺织,早早找郎君”的民谣。②

但是,初婚年龄的下降也存在一些问题。年轻人有了一定的经济能力,在比较年轻的时候就有了家庭,在新婚夫妇作为劳动力都能为家庭增加收入时还可以维持,而一旦孩子出生,为了育儿,劳动力就减半了,一直到孩子作为幼小劳动力可以增加家庭收入之前,家庭经济状况几乎接近破产。孩子逐渐开始干活后,家庭收入就按儿童数量成比例增长,生活开始滋润起来。待儿童自立并离开家庭后,家庭又一次陷入贫穷。这种经营家庭工业的家庭,其生活周期的稳定性非

---

① C. Hill, *Reformation to Industrial Revolution: A Social and Economic History of Britain 1530–1780*(1967),[日]浜林正夫訳《宗教改革から産業革命へ》(未来社,1970),日译本第305—314页。

② Hans Medick, “The Proto-Industrial Family Economy: The Structural Function of Household and Family during the Transition from Peasant Society to Industrial Capitalism”, *Social History*, No.3(1976), p.304.

常短，家庭随着孩子出生便陷入贫困，随着孩子长大便开始富裕起来，而孩子一结婚，就再次陷入悲惨境地。①

在产业革命正式开始的1790—1810年，同样是经营家庭工业的亲子关系，与祖父辈时差异很大。村落中的年轻人，在自立的过程中可以获得一定的生活基础，但持续时间不长。在家庭工业生产进入饱和状态后，工资开始降低，村落里多余的儿童和年轻人不得不离开村落，到镇上或小城市去寻找新的生活来源，这样一来，构成家庭的人数就减少了。如谢普谢德村1811年平均家庭成员为5.5人，到1851年则降为3.82人。儿童数的增加也造成城市中小家庭的增加。

2. 家庭住房结构的变化

16世纪末至17世纪前半叶，上流社会中掀起了一股建筑热潮。取代旧的木结构房屋，家庭住房开始流行石块与砖瓦构成的坚固结构。在这次建筑热潮中，房子里出现了“走廊”。在原来的住房结构中，以壁炉为中心的大厅里可以聚集很多人，举行持续几个小时的派对。大厅是炫耀家庭的权势与典雅的社交技术的公共空间。但是，设置走廊以后，大厅缩小了，分为几个小间，各个小间都有特定的用途。此时，出现了“仆人的房间”“主人的房间”“约翰的房间”等用使用者名字或爱称的房间命名方式。以前壁炉设置在开放的大厅墙壁上，现在设置在客房的墙壁上，比以前要缩小许多。曾经用来围坐在祖父母周围，听他们说故事、讲传说、传递经验的壁炉前的“爷爷的椅子”“奶奶的椅子”消失了。曾经的公共空间，现在划分成注重舒适度的个人的小房间，如仆人的房间、书房、起居室、小客厅、餐厅、寝室、储藏室等，区分出它们各自的功能。

餐桌成为以夫妇和孩子为主的不夹杂外人的场所，仆人也渐渐地被排除在外。对每一个家庭成员舒适度的重视，变成对每个房间舒适度的追求，各种室内装饰都被用上了。空间的细分也是人的行为的细分和私人时间的细分化。这时，保障隐私的生活空间的钥匙出现了。不仅是保险箱，门、抽屉等也装上了锁，进入各个房间前要敲门的习惯也逐渐形成了。

---

① John R. Gillis, *Youth and History — Tradition and Change in European Age Relations, 1770 – Present* (1974, 1981), ［日］北本正章訳《“若者”の社会史——ーヨーロッパにおける家族と年齢集団の変貌》(新曜社, 1985), 日译本第25—30, 94, 193—195页。

这种在建筑结构中重视封闭的倾向乃至重视“家庭化”(domestication)或“家庭内部化”(domesticity)的日常化心态,显示出这个社会阶层的每个人开始萌生重视内在隐私的心态。①

这时,房间里开始安装镜子。17世纪以后,为了炫耀权势,贵族们争相建造“镜子间”,不久,富裕家庭的每一个房间里都装上了镜子。正如刘易斯·芒福德(Lewis Mumford)所指出的,近代人自我意识或内省的倾向,是在对着镜子与镜像对话的过程中发展出来的。② 就像年轻的那喀索斯(Narcissus)长时间凝视池塘水面上映现出的自己的影像,将语言封闭在自身内部那样,对着镜子凝视自己形象的沉思状态,是走向近代人格成熟的第一步。同时,理解人格的分离感或自己客观存在的理由,也是在与自己的影像进行那种孤独的交往中产生的。镜子的使用不是无限定发现面向外部的自我意识,而是一个作为近代生活样式中隐秘存在的内省的意识——自我表达意识,对自我的深刻与神秘、不确定的脆弱、内在的真实进行自我观察的契机。内向时代的个人主义哲学与关于自我的思想,在上述生活空间的细分化、功能化、封闭化中发酵,同时,它也成为近代自传文学发展的社会性土壤。

这样的生活空间与人际关系的细分化、个别化是重叠在一起的。特别是在亲子关系上,成人对儿童行为的考虑比之前要细致得多——教养项目增加,观察儿童生活的基准被规定得更加细致。孩子用的小板凳、餐桌上孩子用的长脚椅、木制的步行器、摇篮等育儿用具成为家具中的一个部类。于是,日常生活中愈发关注孩子的幸福状况,在想方设法让孩子高兴的同时,也产生了用“儿童用具”来规范孩子行动的意识。

3. 城市生活与儿童管教的变化

拉丁语中“品味优雅”(urbanitas)一词与“城市”(urbs)一词是联系在一起的,而后派生出英语中“城市”(urban)一词及其形容词“都市风格的、讲究礼仪

① M. James, *Family, Lineage, and Civil Society* (1974), pp.180－183; L. Stone, *The Family, Sex and Marriage in England, 1500－1800*(1977), pp.169－172, 245－246, [日] 北本正章訳《家族・性・結婚の社会史——1500—1800年のイギリス》(勁草書房, 1991), 日译本第205—208, 320页。

② L. Mumford, *Technics and Civilization* (1934, 1963), [日] 生田勉訳《技術と文明》(美術出版社, 1972), 日译本第163—166页。

的、文雅的”(urbane)。“礼仪”的观念与“城市”的观念是一起发展起来的。

15—16世纪,“礼节”(courtoisie,courtesy)作为表达对人的关怀和日常行为之品行,浓重地反映骑士精神的词汇,开始在宫廷生活中使用。礼节的教养体系成为传统家政书的一部分。到16—17世纪后,虽然“礼节”的要素还留存着一部分,但作为表达市民品行的词汇,已开始使用“礼仪”(civilité,civility)一词。家政书中礼仪品行的部分逐渐充实,相应的词汇也派生出来。英国起初是翻译意大利及法国的《礼仪品行书》,16世纪中叶出版德西迪里厄斯·伊拉斯谟(Desiderius Erasmus)的《少年礼仪指导论》(1526年德语版,1530年拉丁语版,1532年英语版)①,因此,也出现很多种英语版的品行集、教养书、育儿书、训育书等儿童教养书。

随着城市的发展,“礼仪”开始取代传统的“礼节”受到重视,原因在于,这一时期人际关系与家庭生活中的行为变化明显,感觉不愉快、羞耻的范围扩大,对他人的关注增多,对对方谨言慎行的要求增强了,这一状况将在本书第六章详述。比之中世纪,这一时期的人更加细致地观察自己和他人,而且对直接的、外来的干涉意识更强更敏感的心态逐渐扩散。在新的市民感觉,即憧憬城市生活中的品位、人际关系的典雅之心态中,作为反映了每天重复的习俗与心态的一面镜子的旧礼仪,被重新观察、模仿和提炼。

从家政书中派生出来的各种教养书、育儿书,反映了特定社会对其新成员(即儿童)社会性行为、感情的要求,也反映了儿童的礼仪行为中被社会认定的禁止事项与奖励事项。对提炼出的优雅之憧憬,开始将优雅与粗俗中的多个阶段细分。如果站在这些“礼仪行为集”起着日常教养或训练的典范作用的立场思考问题,则很明显,在欧洲近代教育思想史的深层,存在着让儿童适应特定的社会结构与时代状况所要求的行为方式和情感的意识与感情,这些意识与感情的结晶是一个缓慢形成与变化的过程,或者可以说,在社会的基层,存在一个社会认可的成人标准,这一标准随时代变化而相应变化。

---

① D. Erasmus, *De Civilitate Morum Puerilium* (1530); P. Ariès, *Erasme: La Civilité Puérile: Précédé d'un notice sur les livres de civilité depuis le XVII e siècle par Alcid Bonneau* (1977).

这种礼仪体系在17世纪达到顶峰，而且主要限定在很多人围坐在餐桌周围的上流社会的社交场所。在那个时代，餐桌是综合发挥确认集体归属感，调整社会关系，消除紧张关系，展开各种交往等功能的最佳场所。对应食物的种类、用餐场所的性质、餐具的种类，以及参加者的社会地位、年龄、性别等，决定了相应的礼仪行为，形成礼仪体系。在某本礼仪品行书中，对儿童这样要求道：

我的孩子们，
当你坐上餐桌之时，
请注意行为举止要礼貌。
餐饮的参加者或其伴随者，
无论他们是什么样的人物，
你都要保持彬彬有礼，
使人们对你有好的评价。
因为，是受人诽谤还是受人赞誉，
就在于你的行为举止。①

4.管教与学校骚乱

1382年，威廉·威克姆(William of Wykeham)在创建温彻斯特公学时，抱着"礼仪行为造就人"的信念。他是16世纪之后在学校教育的教材中纳入礼仪品行书和教养书的先驱者。家庭中进行的礼仪教育逐渐开始在学校里开展。较之智育，近代学校更重视礼仪的训育、礼仪教育的推进，这使得近代学校在扩大教育功能，取得某种权威性上获得了成功。这一状况可以从以下事例中推测：这一时期出现的很多"对话集"——提炼形成适合文雅市民在人际交往中使用的

① William Caxton, *William Caxton's Book of Curtesye* (1477－1478), in F. J. Furnivall (ed.), *Early English Text Society Extra Series*, No.3 (1868); Norbert Elias, *Über den Prozess der Zivilisation* (1969),［日］赤井慧爾ほか訳《文明化の過程（上・下）》（法政大学出版局，1977—1978），日译本第186页。

典型措辞用语——其中包含了很多用例；当时很多母语、国语教育论的内容都采用有关儿童的"礼仪品行"的书籍作为素材。在"礼仪"的体系上增加宗教改革派的道德论的形式与近代的教学论结合，形成近代学校教育内容原初时期的结构，我们可以从夸美纽斯的《大教学论》(1657)了解到其原型。

但依靠这种大人强加给儿童的"礼仪"体验，当时儿童的实际生活真的就能"过得十分典雅"吗？

16世纪，儿童5岁以后被允许腰间佩刀和剑，至17世纪后半叶，"学校规则"中出现不准带武器进入教室的规定。在此期间，儿童是腰间佩着武器，或在教室门口的武器架上放置刀剑后去上课的。为此，学生之间或师生之间的一些小事或误解就很容易会发展成杀伤事件；学校里弥漫着一种一点小事就会发展成掠夺，很多人容易诉诸暴力的气氛。学校的学生，而且是相当年少的学生容易产生极端的放纵和不节制，学校生活极易陷入各种无秩序状态。学生很少将时间用在文字阅读或算术习得上，而是将过剩的精力花在各种形式的报复或决斗、复仇的策划上。

16世纪以后，法国学校教师和道德家在学生遵守学校纪律上作了很多"努力"，到17世纪，学校骚乱与以前相比严重程度要小得多，至19世纪法国高中(lycée)学生再次掀起骚乱前，严重的骚乱几乎绝迹。与此相比，从17世纪后半叶新教败北的局势开始明朗化的时候起，英国儿童的骚乱行为非但未衰退，其频度与激烈程度反而愈加严重了。英国近代史上，从17世纪末至19世纪中叶，在所有领域都可以看到无秩序、残忍、低级趣味、越轨的反抗等各种形态，这是一个极其粗暴的时代。《17世纪80年代利奇菲尔德文法学校发生"驱逐教师"的骚乱》[1]一图描绘了17世纪80年代利奇菲尔德文法学校发生的"驱逐教师"(barrying-out)的混乱不堪状态。被驱逐的教师在窗外挥舞鞭子试图让学生安静下来，但这种威吓毫无效果，学生在手持长剑的头领的指挥下，将教材、教具破坏殆尽。

与此相比，更为激烈的学校骚乱发生在19世纪初的温彻斯特公学。为了镇

---

① Madeline Jones, *Growing Up in Stuart Times* (1979), p.35.

压学生的骚乱，（当地政府）甚至出动了装备数门大炮的两个连的军队。[①] 即便是在托马斯·阿诺德（Thomas Arnold）在1828—1842年任校长的拉古比学校（Rugby School）开拓性地将体育导入学校日程与教学科目中的改革获得成功的情况下，这种学生的粗野仍然很难消失。这种近乎自然的或本质的野蛮乱象依然存在。耗在欺负弱小、欺负新生、决斗、驱逐教师、罢课、集体破坏等野蛮行径中的学生身体内涌动的热血，可以投注到橄榄球、摔跤、拳击等格斗性体育运动或对抗性比赛中，这种方法经过了很长时间，最终普及开来。1894年奥林匹克运动会的恢复将学生的一部分粗野与热血转化为体育上的成功，这种体育比赛的胜利不仅转变为爱校的感情，也作为爱国感情被动员起来了，成为帝国主义列强之间民族性优劣竞争背景下的一种表现。

儿童的粗野在学校外部也以相当残虐的形式表现出来。《"残酷的四阶段"第一阶段》[②]是威廉·贺加斯（William Hogarth）的讽刺画，描绘了儿童虐待动物的情景。狗或猫被从很高的窗户里扔下来。一群小孩围观被倒吊着的两只猫，嬉笑着。少年往狗的肛门里插箭，一旁有同情心的贵族少年拿出馅饼求他也不肯停手。其后，还有少年用烧红的铁丝在戳小鸟的眼睛。在画的前方，有的少年在狗的尾巴上拴上它喜欢吃的骨头，有的少年唆使狗去吃猫的内脏。这样虐待动物的情景对当时的儿童来说是一种"游戏"，从这种意义上说，也可以将这种状况解释为一种儿童自身文化的形成。除此之外，儿童也混迹成人之中，一起围观"虐熊""斗鸡"等用动物生死作为赌注的残虐游戏，儿童不仅实际围观这样的赌博，也围观成人的决斗和罪犯的处刑。这样的情景，按照现今绅士与宠物王国的英国的价值观来看是很难想象的。

如果从历史上来认识上面描绘的当时儿童的生活状态，就可以理解18世纪的福音主义运动、以玛利亚·埃奇沃思（Maria Edgeworth）为代表的"道德主义

---

① P. Ariès, *L'Enfant et la vie familiale sous l'Ancien Régime* (1960), *Centuries of Childhood: A Social History of Family Life* (1962), *Geschichte der Kindheit* (1975), ［日］杉山光信，杉山恵美子訳《"子供"の誕生——アンシァン・レジーム期の子供と家族生活》(みすず書房，1980)，日译本第300页。

② ［日］森洋子编著《贺加斯的铜版画——英国的世态与讽刺》(岩崎美术社，1981)，No.71.

教育论”“教养论”不仅具有教化的意义，而且是当时现实迫切要解决的问题。涂尔干认为，人的性格来源于社会，他指出：“习惯于节制、为事为人趋向中庸、克己的态度，是人类花了好多个世纪的时间，通过高强度的修养与严格的训练之后才获得的特性。”①

5. 从家庭到学校

贵族和地主家庭的次子、三子，大部分选择军队或教会的官职等可以获得年金的道路。地主几代以来都执掌着推举圣职者的权力，与其他的专门职业相比，他们和教会的关系最为密切，所以他们基本上不会将自己的孩子送进实业界。在贵族和地主的子弟占据的职位中，数量上最多的是陆军。陆军中的高级将校大部分是地主的次子、三子或者其他子弟。海军比陆军要开放一些，虽然也有一些政治影响力、出身等方面的考虑，但由于海军对职位有更高的要求，加之英国岛国的地理因素、殖民地争夺战实际战况的影响，偏重门第关系的做法受到抑制。相较于在公学中掌握了一定的知识，就可以拥有指挥陆军一个连这样的能力，海军需要较高水准的数学、海洋学、地理学、天文学、气象学及其他实务与科学的知识，以便正确地操作舰船，因而对人员的要求相当高。因此，海军除了招收贵族、地主子弟中专业知识水准比较高的人员外，也吸收绅士阶层中有进取精神和上进意识的年轻人。上层阶级与官职的密切结合逐渐受到产业资本家阶层、绅士阶层、大商人阶层的严厉批判：“贵族、地主为了自己家族的次子、三子，以各种口实从国家巧取豪夺地获得俸禄，他们的手法极其老辣，而国力为此消耗殆尽。”②

实业成为绅士、产业资本家、商人等阶层的次子、三子通常的职业选择，这些阶层的人比之经院哲学，更重视有助于实现社会上升的实学。在家政书解体，家庭规模缩小，采用封闭性建筑，重视个人隐私与舒适的家庭内在特点普遍化的发展过程中，这些阶层的人更加关注对儿童发展起作用的道德与教育。对从旧式

---

① Émile Durkheim, *L'Evolution Pédagogique en France* (1938)，［日］小関藤一郎訳《フランス教育思想史》（行路社，1981），日译本第 236 页。

② H. J. Habakkuk, “England”, in A. Goodwin (ed.), *The European Nobility in the Eighteenth Century* (1953)，“18 世紀イギリスの貴族層”川北稔訳《18 世紀イギリスにおける農業問題》（未来社，1965）收录，日译本第 129—130，140—141 页。

共同体中解放出来的这些阶层的人来说，能够保证其人身安全与稳定的，不是有着相互扶助的要素、以血缘关系为纽带的共同体与土地，而是通过教育掌握知识，以及能在实业界生存下去的一技之长。运气好的一些人，父辈已积聚财产，为了维持实业，也为了使上升中的家庭在下一代能够继续繁荣，最重视儿童的教育。在整个 18 世纪，流传着“父母的责任是在赠予下一代社会性地位与家业后才完成”[①]的说法，这种说法包含着十分明确的危机意识。

这一时期实科学院、文法学校、私立学校与律师学院的增加，正是这样的社会阶层教育要求高涨的反映。与这种为中产阶级开办的学校并行，1700—1770 年，在各地的村镇上，相继设立了以中下层子弟为对象的“老板娘学校”“夜校”以及其他形式的“小学校”，教育产业迎来了一个稳定发展的时期。这些“小学校”的学生，多则 80 余人，一般的规模为 20—30 人，学费稍贵一点的高级学校为 8—12 人。一个教师教的学生平均达到 20 人左右，反映了虽然教师的工作辛苦，但可维持生计。对非常关注儿童教养与教育的近代核心家庭中的家长来说，作为“家长的代理”(in loco parentis)期待在全面照看儿童中提高教育效果的是，社区里学生规模较小的学校。这一时期的学生数，并不像今天那样由国家的介入来决定，而是教师的生计需要与家长对学校教育期待程度之间的妥协，家长拥有对学校规模的选择权。“小学校”里无法教授读写算以外的内容，音乐、舞蹈、制图、击剑等科目是由定期来镇上访问的“巡回教师”以个别付费的形式来教授的。与家长的支付能力相对应，学校的规模与教育的内容可供选择。

不过，家庭与学校之间这种微妙的关系，在 18 世纪 80 年代以后发生了变化。在这一时期开始正式出现的教育热潮中，家长开始提高选择学校的标准，因此，学校间、教师间为招揽学生展开激烈的竞争，入学费与学费的降价相继出现。这样竞争的结果出现以下两种情况：一方面，教师由于学费过于便宜，难以维持生计，在教学之外兼做借书店、小杂货店、夜间补课等副业，但也不足以补充生计的不足，只能通过增加学生数来寻找活路；另一方面，在家长那里，特别是

① Randolph Trumbach, *The Rise of the Egalitarian Family — Aristocratic Kinship and Domestic Relations in Eighteenth-Century England* (1978), pp.69 - 71.

以前由于学费太贵无法送孩子上学的中产阶级的下层人士，由于学费的降价，虽然因人数多只能统一授课，在教学质量上要付出代价，但还是得到了受教育的机会。[①] 这也意味着受教育机会的扩大。

学校间的竞争没有停息，呈现愈演愈烈的趋势。各个学校为回应家长的需求，开始增设教授培养女子在社交上的高雅品位的科目，为想在军队里占据一席之地的年轻人进行军事预备教育的科目，以及法律初步、会计学初步、经营学初步等实科科目的教学内容。1881 年出版的尼古拉斯・卡莱尔（Nicholas Carlisle）的《英格兰及威尔士文法学校指南》[②]用了约 1 000 页的篇幅，解说各个学校教授的科目及其特色，反映了这一时期中产阶级与上层阶级中掀起了重视子女教育的热潮。

除此之外，为向家长展示学校教育的重要性，学校定期举行各种目的的宣传活动。这样的活动，越是上层阶级子女集中的学校越是频繁。比如伊顿公学（Eton College）从 18 世纪 30 年代开始，每年举行"年度学校联欢会"，不仅是为了强化有关人员对学校的忠诚，而且致力于促成毕业生及其父母通过学校的平台形成人脉关系。18 世纪 50 年代之后，其他学校竞相举行这样的联欢会。1737 年后在萨福克郡（Suffolk），"游戏比赛""猜谜游园会""音乐晚会"等都成为学校的例行活动，并扩展到其他地区。"学校舞会""学艺会"也以 1759 年约克市（York）的先例为起点，到了 19 世纪以后普及开来。另外，展示儿童书写能力提高程度的"书写展示会"或"学力考试"等也作为向家长做宣传的一种方式每年在进行。这样的系列活动给学校生活披上了一层颇有魅力的装饰，在向父母夸耀：比之家庭教育，学校教育更加优越。可见这样的活动有着重要的宣传功能。[③] 家庭的儿童社会化功能相当部分开始被近代学校吸收，这个时期是与学校通过各种活动努力以吸引儿童进入学校生活并开始取得成功的时期相重叠

① J. H. Plumb, "The New World of Children in Eighteenth-Century England", *Past and Present*, No.67(1975), pp.64 - 95.

② Nicholas Carlisle, *A Concise Description of the Endowed Grammar Schools in England and Wales*, Vol.2(1818).

③ J. H. Plumb, "The New World of Children in Eighteenth-Century England", *Past and Present*, No.67(1975), pp.71 - 91.

的,而意图在教育方面扩张近代国家管理功能的从政者必须要结合教育行政政策来考虑这种变化。

6. 家族肖像画

18世纪的英国与意大利、法国、德国、荷兰等并肩,出现了被称为"风俗画"(conversation pieces)的"家族肖像画"高潮。"风俗画"的说法源于意大利语的"sacra conversazione",指的是以描绘"圣母子"为中心的圣人们的集合、崇敬圣母、立誓信仰的表征为特点的一类画。不久,取代"圣母子",象征人们相互联系之核心的人物被描绘于画面的中心。贺加斯、托马斯·庚斯博罗(Thomas Gainsborough)、J. 雷诺兹(J. Raynolds)、乔治·罗姆尼(George Romney)等一批家族肖像画家的出现,以及维持这支艺术队伍存在的社会性需求的高涨,反映了这一时期围绕着家庭的情感发生了很大的变化。具体可见科尼利厄斯·约翰创作的《第一代卡佩尔男爵阿瑟与其家族》(藏于英国国家肖像画画廊),以及阿瑟·戴维斯(Arthur Davis)创作的《二重唱》(藏于维多利亚与艾尔伯特美术馆)等作品。①

20世纪著名电影导演卢契诺·维斯康提(Luchino Visconti)改编18世纪的"家族肖像画"画家戴维斯的作品而拍摄的电影《家族的肖像》(1974)沉重而悲剧性地描写了近代家庭与现代家庭中人际关系的比较及近代家庭的末路。之后,他评论道:"由于图画中人物过于美丽、高雅,充满魅力,不由地要去想象在这不动的绘画背后隐藏着的激烈的爱憎与淫荡的剧情。"

我们从18世纪的"家族肖像"中能够感受出怎样一种心态,能够读出怎样的家庭历史面貌来呢?

电影《家族的肖像》中有这样的台词:"戴维斯在18世纪50年代的作品……",18世纪50年代在以下两种意义上意味着英国美术史的变革期。欧洲美术史上所称的"家族肖像画"领域在18世纪以前就已存在,但这些画家长期生

---

① Mario Praz, *Conversation Pieces: A Survey of the Informal Group Portrait in Europe and America* (1971), pp.33 – 37, 149 – 159; L. Stone, *The Family, Sex and Marriage in England, 1500 – 1800* (1977), pp.411 – 412, [日] 北本正章訳《家族・性・結婚の社会史——1500—1800年のイギリス》(勁草書房, 1991), 日译本第340页。

活在宫廷王朝的统治下，其描绘的国王、贵族的“家族肖像画”洋溢着一种“16世纪在欧洲兴起，在凡尔赛达到顶点的令人讨厌的装模作样”。这种以装模作样、故弄风雅的姿态为主调的画风一直持续到18世纪初，而18世纪40年代戴维斯等人的“家族肖像画”可以说是“谦恭的乡土(乡绅)社会的完美写照”，“在简陋且平淡无奇的房间里一本正经的、毫无表情的样子”是这类画的特色。[①]

进入18世纪50年代后，不断成长的中产阶级取代了宫廷，成为画家的资助者，随着需求的增加，虽然还残留着之前的画风，但绘画逐渐变得能够表达自然的感情了。“戴维斯18世纪50年代的作品”将传统画风中被遮掩的、压抑的感情，以渗出微妙变化的手法，把家族成员摇摆不定的紧张心态表现得呼之欲出。从那个时候起，肖像画开始描绘儿童与家长一起玩耍、读书、写生、垂钓、野餐等场景。儿童的表情也被描绘得天真可爱，取代以前的故作之态，画面上荡漾着亲子与兄弟间的亲密之情，笔调也以更为纤细的手法描绘更能表现出亲密感的动作。马卡斯·塔夏创作的《谢蒂家的人》(藏于英国国家肖像画廊)，以及约翰·佐法尼(Johann Zoffany)创作的《谢普家的人》(藏于英国国家肖像画画廊)均可体现这一特征。

雷诺兹长期担任1768年创立的王家美术协会(Royal Academy)第一任会长，他和罗姆尼在伦敦定居并正式开始创作活动的18世纪60—90年代就是“家族肖像画”“个人肖像画”最为流行的时代。具有讽刺意味的是，雷诺兹和庚斯博罗投入很大精力完成的“历史画”“风景画”并没有获得很多赞誉，他们在创作间隙时所作的“家族肖像画”“人物画”反而得到人们极大的赞赏。这些画家能够获得经济上的稳定，其背后是以前未曾预想到的对艺术作品的新的价值取向与作为购买者的中产阶级的增加。

7. 儿童文化的光与影

体现亲子感情关系成为流行主题的另一个新动向是，新出现的儿童文化的商业化极其成功。由约翰·纽伯里(John Newbery)的作品群代表的各种面向

---

① K. Clark, *Civilisation — A Personal View* (1969), [日] 河野徹訳《芸術と文明》(法政大学出版局, 1975), 日译本第242—243页。

儿童的读本，以家长的钱包为目标，至18世纪末以更加便宜的价格进入儿童世界。自己童年基本没有上学机会的中产阶级，给学校付了大量的费用，竞相为孩子购买变得很便宜的掌上小书、教育游戏器具、儿童服装、玩具等物品。由于出现了许多热心教育的家长，比之以前，教育热潮更加高涨，其内容更带有教训和训育的色彩。而到18世纪70年代以后，有超过30种的教育游戏进入家庭。①

18世纪末，以福音主义运动为背景的"知识妇女"将道德读物强加给儿童，致使中产阶级通过教育为实现社会上升而努力的这种指向变成一件十分郁闷的事。对于这种倾向，保罗·阿扎尔(Paul Hazard)感叹道：

> 这些令人恐惧的妇人随着时代而辈出。汉娜·莫尔(Hannah More)、玛丽·沃斯通克拉夫特(Mary Wollstonecraft)等认为，要从根本上进行塑造，把少女变成淑贞的生物。埃奇沃思这个女人真是难以忍受的存在。如果清晰儿童教育学与儿童文学的界限还好，但一旦忘了两者间的区别，认为既可以让儿童快乐又可以教育他们，其结果就如所见的那样，儿童变得难以管教……在这里，不再把想象力、感受性看作本身就是有价值的东西，认为其不过是一种手段而已。也就是说，聪慧贤良的女教师向儿童灌输知识，就是最好的方法。这样一来，那个恐怖的时代来了。女教师对着孩子宣布道：你不能有一刻的浪费，要尽早成为一个小老人，即使是休息时间也要学习。一个可怕的时代来临了。②

近代重视情感的核心家庭中的亲子关系与前面提到的欧洲美术史或音乐史上的罗伯特·舒曼(Robert Schuman)的组曲《儿童情景》、弗朗茨·舒伯特(Franz Schubert)、约翰内斯·勃拉姆斯(Johannes Brahms)等浪漫派的《摇篮曲》中所见到的浪漫主义的艺术表现相反，产生了新形式的控制儿童的心理和社

---

① Antonia Fraser, *A History of Toys* (1966), [日] 和久洋三監訳《おもちゃの文化史》(玉川大学出版会, 1980), 日译本第73页以后。J. H. Plumb, "The New World of Children in Eighteenth-Century England", *Past and Present*, No.67(1975), pp.87－93.

② Paul Hazard, *Les Livres, les Enfants et les Hommes* (1932), [日] 矢崎源九郎，横山正矢訳《本・子ども・大人》(紀伊國屋書店, 1957), 日译本第54页。

会结构。城市的家长早已不再把儿童看作负有原罪的亚当与夏娃的后裔,取代这种宗教观念,他们把儿童看作为社会竞争的媒介或手段。儿童在某种意义上成为炫耀的对象,家长以儿童养育费的多寡、对儿童的教育与伦理性关注的深度为指标相互炫耀。儿童在这种指标的上限与下限之间徘徊,成为家长的高级宠物,他们或是被娇宠而不成材,或是被当作动物宠物般,当成一般物体来处理。儿童生来具有的朴素的感受性与丰富的想象力被压制,以至于导致这些能力无法自由地、创造性地发展成高贵的情感。在背后操纵这种上下流动的是敏感的企业家,他们将儿童看作是一个新的市场。在"作为经济性资本的儿童观"之后出现的是,"作为社会上升杠杆的儿童观"和"作为经济性债务的儿童观"。

8. 伦敦孤儿院设立的含义

在上述中产阶级成长与教育热潮形成的时代,如何看待被丢弃儿童人数增加的情况?在伦敦孤儿院(London Founding Hospital)的设立背景中,隐藏着那个时代儿童的另一种状况。

在天主教国家,很早就开始由宗教团体管理各种孤儿院,但英国直到 18 世纪中叶还不存在孤儿院。在英国,教区新出生的儿童都要在教会登记,但教会对人口登记本的管理负有责任的说法只是表面文章。出生登记是用父名来登记的,如果是非婚生的儿童,父亲若将儿童放在救济院(workhouse)养育,则需要负担养育费。这种救济院是依据 1601 年《救济法》设置的,教区教会收养贫民和孤儿,让他们具有劳动能力,能够从事维持生计的工作。但实际上,孩子的父亲往往贿赂教会的负责人销毁事实证据,通常用 10—12 英镑作为断绝关系的费用就与孩子断绝了关系。而作为母亲,则完全不具有就孩子的养育费、认领及其他要求向教会提出申请的权利。很多孩子母亲的想法是,即便被收容到救济院里,大多也在一两年中就死了,与其为了收容的手续接受教会的询问,暴露自己的隐私,还不如丢在大街上,或许获救的可能性还高一点,因而被丢弃的婴儿很多。

长期担任船长的托马斯·科拉姆(Thomas Coram)没有孩子,但对孩子的爱却比别人更强烈。他十分怜悯伦敦或其他地方因被丢弃在街头而死去的儿童,决心设立收容、看护和养育这些无依无靠的儿童的设施。他与威廉·卡多根(William Cadogan)等当时的一批有爱心的专业医生与朋友一起发动了为建立孤儿院而开展的宣传运动，经过长期艰苦的努力，终于在1741年创设了伦敦孤儿院。这是英国最早的公共孤儿院。这一年的3月25日开院当天，孤儿院入口处聚集着一大批抱着婴儿的母亲，预定的人数仅在四个小时左右就满了。为此，1760年以前不得不几次扩大规模，增加收容人数。表3－1是孤儿院建立时的收容人数与死亡人数统计，可以看出，即便是在这样的有良心的设施里，儿童的死亡率也是非常高的。

表3－1　伦敦孤儿院创设期儿童收容数与死亡率

收容时期	人数(人)	死亡数(人)	死亡率(%)
1741年3月25日—1742年9月2日	136	74	54.41
1742年9月2日—1752年9月29日	864	379	43.87
1752年9月29日—1756年3月25日	344	249	72.38
1756年3月25日—1758年6月24日	7 692	3 334	43.34
1758年6月24日—1760年9月29日	7 290	5 926	81.29
合　计	16 326	9 962	61.02

出自：R. K. McClure，*Coram's Children: The London Founding Hospital in the Eighteenth Century*（1981），Appendix Ⅲ，p.261.

根据接收孤儿（弃子）的人的证言，这些儿童中有相当一部分打扮都还算整洁，其中有些婴幼儿的服装、脸色不像是被送到教区的救济院或从救济院逃出来的样子。儿童被丢弃并不仅限于经济上不富裕的下层人群。①

在迎来产业革命这样规模宏大的上升期的近代英国社会，如上所见，婴幼儿恶劣的生育环境与相应对策的落后，导致社会中处于悲惨境地的儿童激增。即使是运气好，度过充满危机的婴幼儿期活下来的儿童，也要承受家庭工业或工场里苛刻的劳动，或只能加入在马路上混迹的流浪者队伍。英国产业革命的繁荣是在这些儿童的低薪金、苛刻的劳动剥削上建立起来的。伯特兰·罗素（Bertrand Russell）的名言："拿破仑是被俄罗斯的雪和英国的儿童打败的"②成

① Ruth K. McClure，*Coram's Children—The London Foundling Hospital in the Eighteenth Century*（1981），pp.96－103.

② B. Russell，*Freedom and Organization*，*1814－1914*（1934，1964），p.85.

为那个时代的象征，在那个时代生下来的儿童，即便运气好没有被丢弃，而以某种方式长大了，也不得不度过严酷且短暂的人生。

三、育儿的专业化及其矛盾

1. 育儿的改善——婴幼儿死亡率下降的原因

如图 3－3 所示，1840—1900 年，婴幼儿的死亡率为每千人中约 150 人，几乎没有变化。这一数值逐渐开始下降是在 1900 年以后，减少到 50 人以下则是在 1945 年以后。第二次世界大战后，婴幼儿死亡率的下降成为文明国或先进工业国的指标中的一项，各国都竭尽全力来改善这一指标，大概在 20 世纪 70 年代，各先进工业国的死亡率保持在 1 000 人中 15 人这条线以下。1976 年 0—1 岁的 1 000 人的婴幼儿的死亡率，日本为 9.3，美国为 15.1，墨西哥为 54.7，瑞典为 8.3，法国为 10.4，英国为 14.5。这样来比较，可见 150 的数值是非常高的。

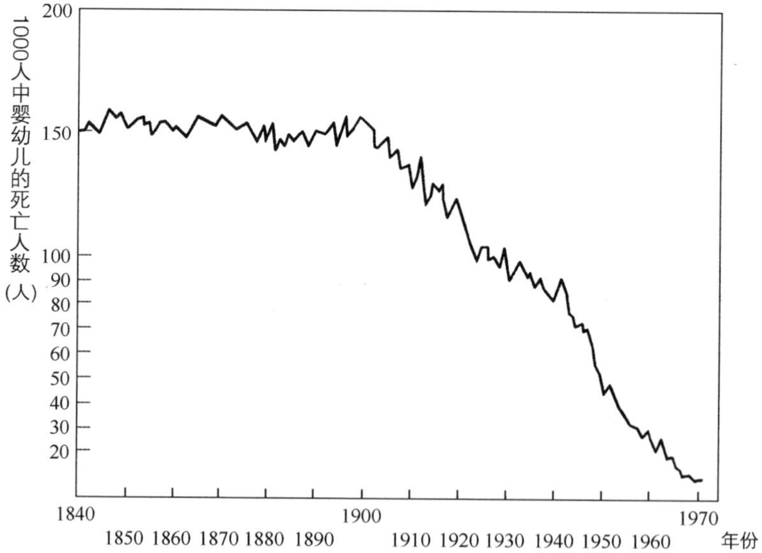

图 3－3 1840—1970 年中婴幼儿死亡率的变化

出自：M. W. Beaver，“Population，Infant Mortality and Milk”，*Population Studies*（1973），Vol.27，No.2.

同时图 3－3 也存在几个疑问。整个 19 世纪，医学上没有很大的改善吗？另外，1840 年以前，虽然没有留下准确的统计资料，但从最近的人口动态学研究的片段数据来推定，最低也要达到 1 000 人中 300—400 人左右的高值，那么为什么在 1840 年这个时间点上下降到 150 人的水平上呢？进一步来说，为什么婴幼儿死亡率在 1900 年这个时间点上才开始迅速下降呢？

以上面的几个疑问为前提，下面回顾几个与死亡率下降有关的因素，同时也想探究一下解答与已经形成少产少死型人口动态的现代社会的亲子关系和育儿相关的两三个问题的线索。

当时的医生托马斯·罗·埃德蒙兹（Thomas Rowe Edmunds）1836 年在医学杂志《柳叶刀》（*Lancet*）上发表了关于 1730—1829 年伦敦 5 岁以下婴幼儿死亡率的数据（见表 3－2）。[①] 仅依靠这些数据不能发现更多的问题，但可以知道婴幼儿的死亡率在 1730—1830 年这百年间大致下降了一半，也可以了解这一时期大城市婴幼儿死亡率处于什么样的水平，以及出现了何种程度的降低。

表 3－2 伦敦婴幼儿死亡率

时　　期	婴幼儿死亡率(%)
1730—1749 年	74.5
1750—1769 年	63.0
1770—1789 年	51.5
1790—1809 年	41.3
1810—1829 年	31.8

出自：*Lancet* (1836) (i)，p.960.

我们以几种资料互相对照来考察为何这一时期婴幼儿死亡率开始下降了。首先，我们要确认造成婴幼儿死亡的原因是什么？关于这一点，佩勒关于欧洲贵族阶级里出生一个月后的新生儿死亡率（neonatal mortality）、胎儿死亡率（perinatal mortality），以及一岁婴幼儿死亡率长期波动的研究值得参考。[②]

---

① T. R. Edmunds, "On the Mortality of Infants in England", *Lancet*, 30 January, 1836, p.692. k.

② S. Peller, "Births and Deaths among Europe's Ruling Families since 1500", in D. V. Glass and D. E. C. Eversley (ed.), *Population in History: Essays in Historical Demography* (1965), pp.90－94.

表 3－3 贵族阶级儿童的死亡率(每千人)

时 期	新生儿死亡率(‰)	胎儿死亡率(‰)	婴幼儿死亡率(‰)
1500—1599 年	89	100	104
1600—1699 年	75	105	171
1700—1799 年	47	75	106
1800—1899 年	23	42	45
1900—1935 年	5	8	3

出自：S. Peller, "Briths and Deaths among Europer's Ruling Families since 1500", in D. V. Glass and D. E. C. Eversley (eds.), *Population in History: Essays in Historical Demography* (1965), Table 2.

从表 3－3 可以看到，进入 19 世纪后，出生前后的儿童死亡率已明显降低，但婴幼儿死亡率在 1800 年以前没有得到很大改善。另外，任何一个时期，新生儿死亡率都要比胎儿死亡率低，两者差距的缩小是在进入 20 世纪以后。新生儿死亡率降低较多是在 19 世纪以后，这可以认为是儿科医学的发展、断乳食品的改善和良好的产后服务等带来的效果。此外，胎儿死亡率的居高不下也反映了长期以来生产知识的缺乏与分娩技术的低下。即便是在上层阶级，其关注的重点也是在“已经生下的孩子”身上，而不主要是在“将要生下来的孩子”身上，这反映了社会对“母体”的漫不经心。同时，这个数据也反映了即便在医学中临床事例很多的产科学研究成果，要广泛地在社会上发挥作用还是需要很长时间的。以下将考察 18 世纪以后，儿科医学、产科学是怎样发展起来的，以及出生数月内的新生儿的生活环境是如何改善的。

2. 儿科医学和产科学的进步与生产育儿的社会史

英国最早的儿科医学书有托马斯·费尔(Thomas Phaire)的《儿童之书》(1544)与 J. 琼斯(J. Jones)的《生育指导书》(1579)。其后，至 17 世纪后半叶，由于人们对健康、身体的关注度提高，社会迎来了一股关注育儿书的热潮，这一点前面已经阐述过。这一时期宣传基督教性质的母性论的清教徒的育儿书、教养书出版得很多，但生产技术本身并没有与科学结合起来，还是充满着咒术性的知识。育儿书是为能够阅读文字的人所写的，而对占人口大部分的无法阅读文字的人来说，生产多是在地区里的产婆、亲族、邻居等女性集体里进行的。排除男性，为帮助生产、进行确认而聚集在产房里的女性集体当时被称为“高希璞”（Gossip），这个词汇是神（God）与子（Sip）组合成的词汇。“高希璞”在帮助产妇生产的同时，也在确认是不是畸形儿或私生子等事项，在这里，传统共同体中相互扶助、相互监视的双重网络也在起作用。当时，即使是难产的情况下，男性医生大多情况下也只能在产房外对如何处理作指示。

英国的助产妇原来由国教会发放开业许可证，但在1902年议会通过《助产妇法》之前，没有任何公共的资格审查，只是依据魔术性的、咒术性的知识与传承的民间疗法经验。因此，助产妇的助产水平很低，很多情况下会带来悲剧性的结果。进入18世纪以后，助产妇的水准愈加降低，虽然提出助产妇教育的必要性，但没有采取任何具体的措施，国教会的许可证发放愈加形式化。当时的产科医生托马斯·道克斯（Thomas Dawkes）在其著作《助产妇教育论》（1735）[①]中指出：“现在的助产妇，其水准极为低下，能够采取适当措施的10人中1人也不到。”

17世纪以后，男性的生产助手开始出现，其职业名有male-midwife，midman，man-midwife，physician man-midwife，androboethogynist等卑称。如《半男-半女产科医生讽刺画》[②]所示，社会轻视进入这个职业领域的男性，同样这也引起了传统的助产妇的强烈反感。王家医生P. 张伯伦（P. Chamberlain）在17世纪初发明了分娩钳，但在其后一百年间，却只能作为秘传珍藏家中。但其后，张伯伦家为借钱而不得不公开这一秘传后，由威廉·斯梅利（William Smellie）改良后广泛普及，助产领域中增加了操作钳子的男性生产助手的专职工作。斯梅利在有名的1752年出版的《关于产妇的理论与实践》一书中，详述了经过改良的各种钳子的使用案例，起到了安全生产技术知识启蒙的作用。斯梅利在发明“斯梅利钳子”“斯梅利铁”等工具之外，还研究骨盆的大小与分娩的关系，被称为“自然分娩科学之父”。科学分娩伴随操作钳子的男性生产助手的正式出现而出现，并与传统的助产妇形成竞争的态势。[③] 如当时的某个医生阐述的那样，“现在，每个年轻的外科医生都在从事助产的工作。而这个工作，与以往

---

① Thomas Dawkes, *The Midwife Rightly Instructed*...（1736）, pp.ⅳ-ⅴ.

② Beatrice Gottlieb, *The Family in the Western World*（1993）, p.86.

③ ［日］川喜多愛郎《近代医学の史的基盤》（岩波書店，1977），第335—336，408—411页。

的法国那样，在英国现在也由男性来进行了”。[①] 据了解，这一时期的伦敦约有100名男性的生产助手在开业。

18世纪中叶，医生对妇女生产、婴幼儿的关注愈加深化，从而使婴幼儿死亡率下降的种种建议和改革得到了推进。这一时期的大多数产科学书、育儿书是意图改善妇女生产现状的启蒙读物。另外，这些读物也获得相当广泛的读者的支持。如威廉·巴肯(William Buchan)的《家庭医生书》(1769)在1775年出版了法语版，在法国、美国引起了很大反响，而英国国内到1813年为止至少出了二十一版。书中，巴肯反省道：“迄今为止，医生并没有非常关注照看儿童的方法，因为他们一般都认为照看儿童是女性的工作。医生经常拒绝对生病的儿童进行诊断。”[②]

不仅可以从上述启蒙性文献来把握那一时期产科学的发展，也可以从这一职业领域的称呼变化了解到这一点。男性助产师，根据当时的医生莱安的建议，模仿法语中“产科医生”(accoucheur)的称谓，1828年后英语开始使用“产妇科医生”(obstetrician)一词。至19世纪后半叶，詹姆斯·扬·辛普森(James Young Simpson)将麻醉法与助产术结合起来，实现了无痛分娩。这种方法也被用在维多利亚女王(Alexandrina Victoria)的生产上，因而很快出名。这种方法可以缓解一般女性的担忧，因而得到迅速普及。19世纪后半叶的上流社会中妇女生产开始流行“女王式的氯仿麻醉”(chloroform à la Reine)。[③]

另外，1866年伦敦产科协会举办了产妇科医疗器具展。这一展览的举行反映了18世纪以来，以钳子为起点，各种巧妙的分娩器具得到改良与开发，器具从业者之间竞争激化。除这样的竞争之外，使用这些工具的产科医生与传统助产妇之间也存在比以前更加激烈的竞争。

---

① Benjamin Pugh, *Treatise of Midwifery* (1754), p.A2; T. R. Forbes, “The Regulation of English Midwives in the Sixteenth and Seventeenth Centuries”, *Medical History*, No.8(1964), pp.235 - 236. T. R. Forbes, “The Regulation of English Midwives in the Eighteenth and Nineteenth Centuries”, *Medical History*, No.15(1971), pp.352 - 362; H. R. Spencer, *The History of British Midwifery from 1650 to 1800*(1927), pp.22 - 27.

② William Buchan, *Domestic Medicine* (1769, 1774); E. Badinter, *L'Amour en Plus: Histoire de l'amour maternel* (1980), [日] 鈴木晶訳《母性という神話》(筑摩書房, 1991)。

③ Theresa McBride, “As the Twig is Bent: The Victorian Nunny”, in Anthony S. Wohl (ed.), *The Victorian Family* (1978), p.25.

如上所述，只要观察一下18世纪后半叶到19世纪末的医学主题，就可以知道分娩技术改善的进展，但这种进展起到何种程度上的作用还是值得怀疑的。根据佩勒等人的研究，即使是在上流社会，分娩死亡率出现某种程度上的降低也是到19世纪末以后。16、17世纪，1 000人的分娩死亡率为19.4，18世纪为20.2，19世纪前半叶为18.8，而19世纪后半叶为14.7。即便是上流社会，1 000人分娩死亡率降到1.0以下是在第二次世界大战以后。[①]

下面来观察一下分娩死亡率的变化。表3-4分析了谢普谢德村儿童死因，内因死亡率(生产造成的死亡率)与外因死亡率(出生后处置不当造成的死亡率)的变化。尽管有前面阐述的18世纪以后的产科学发展，但17世纪以来，内因死亡率几乎没有下降，对占据人口大多数的人来说，依然是准备生产几乎等同于准备死。另外，外因死亡率随着产业革命的发展而增加，反映了儿童的看护、营养、疾病护理等方面的条件越来越恶化。[②] 下层阶级的母亲为让孩子的哭声平息，经常给孩子喂杜松子酒，1736年制定《杜松子酒取缔法》的时候，为了反对这一法案，甚至还发生了暴动。贺加斯1750—1751年创作的《杜松子酒小巷》[③]描绘的就是因杜松子酒流行而遍地醉鬼的情形。

表3-4　分娩死亡率的变化

时　　期	内因死亡率(‰)	外因死亡率(‰)
1600—1699年	76	55
1700—1749年	71	90
1750—1799年	88	75
1800—1824年	88	79
1825—1849年	81	137

出自：D. Levine, *Family Formation in an Age of Nascent Capitalism* (1977).

① S. Peller, "Births and Deaths among Europe's Ruling Families since 1500", in D. V. Glass and D. E. C. Eversley (ed.), *Population in History: Essays in Historical Demography* (1965), p.96; D. V. Glass, "Population and Population Movement in England and Wales, 1700 to 1850", in Glass & Eversley (eds.), *Population in History: Essays in Historical Demography* (1965); T. McKeown and R. G. Record, "Reasons for the Decline of Mortality in England and Wales during the Nineteenth-Century", *Population Studies*, Vol.16(1963).

② D. Levine, *Family Formation in an Age of Nascent Capitalism* (1977), pp.69-71.

③ Daniel Beekman, *The Mechanical Baby* (1977), p.48.

3．加工牛奶的普及

进入18世纪，饲草的普及，导入四轮作的同时栽培紫苜蓿等，使得以往在冬季无法进行的牛奶生产也可以进行，而且产量也增加了。而后，各个地方都开始出现了牛奶铺，牛奶可以称分量销售了。但当时还没有发明牛奶杀菌法，另外，由于用木制的牛奶桶运输，经常容易发生腐败，混入异物，或引起杂菌繁殖。尽管如此，因喝质量差、卫生管理不良的牛奶而死亡的儿童数量，比之前没有牛奶、因营养不良死亡的儿童数量还是要少得多。

牛奶加工技术的开发是在19世纪后半叶。1880年以前，城市及其周边地区的乳业开始衰退，由农村直接运输到大城市的经营方式开始普及。究其原因，一是开发了预防家畜流行病的方法，奶牛饲养数量增加以后生产上的安全性提高了；二是由于铁路运输的发展，运输牛奶的费用要比运输干草、肥料的费用便宜。这样一来，销售牛奶的零售商开始在铁路沿线出现，而且开始使用搅乳器来销售。这一时期的牛奶是在车站上称分量销售的，此时还未冷却，不久后，搅乳器开始使用锡制的密闭容器，卫生清洁的程度比以前提高很多。1885年前后，各地牛奶销售场所中开始使用冷却桶，可以有效防止杂菌和细菌污染，这样一来，新鲜度很高的牛奶开始大量交易了。

1867年盎格鲁·瑞士炼乳公司设立，从1900年前后开始，每年有100万磅的牛奶由欧洲大陆输入英国，这反映了运输技术的提高，以及英国国内的奶油与奶酪的消费量在不断增加。到1890年左右，饮料用牛奶的加工技术与运输技术得到了很大进步，中产阶级与上层阶级的家庭开始消费奶粉，而下层阶级开始消费浓缩炼乳(evaporated milk)。维持这种消费方式的是，从法国传来的“巴斯德法(低温杀菌法)”。[①] 运用这一方法杀菌处理的牛奶开始灌装在用钢丝密封的玻璃瓶里出售。由于当初的瓶装牛奶与历来的称分量销售相比，价格要贵得多，大批量销售遇到瓶颈。不过，由于采用巴斯德法以后，消费者的安全感提高，加之批量生产价格开始下降，至1900年以后，出现了大幅度的消费增长。

---

① ［日］川喜多愛郎《近代医学の史的基盤》（岩波書店，1977），第871—874，879—885页。G. R. Taylor，*The Science of Life: A Picture History of Biology*（1963），［日］矢部一郎，江上生子，大和靖子訳《生物学の歴史（1・2）》（みすず書房，1976—1977），日译本第144—148，276—285页。

1910 年前后,方便、营养、新鲜、安全性高使牛奶的价值得到社会广泛认可。至 1925 年,所有的瓶装牛奶都经过灭菌处理,乳业公司获得了很大成功。1911 年瓶装牛奶总销售额还不过是 1 万磅,到 1918 年已经达到了 55 万磅,1921 年更是达到了 150 万磅。进入 20 世纪以后,婴幼儿死亡率急速下降的最大原因就在于,牛奶的人面积普及。众所周知,到这一时期为止,英国的儿童福利运动的目标就在于,为改善儿童营养状况提供牛奶和普及人工喂养。①

4. 儿童期延长的时代

埃里克·H. 埃里克森(Eric H. Erikson)在《儿童期与社会》(1950)一书的前言中写道:

> 儿童期很长,这是人的一个特色。文明越是进步,儿童期越是延长。儿童期的延长使人能够在技能上或知识上成为名人或大家,但同时也让人的心灵终生留下情绪性的未成熟性。部族、国家为了其集团形成独有的成人的同一性(个人获得其独有的人格统合),运用各种直观的方法来干预对儿童的教养。同时,他们用各种特有的方法干预的儿童期里出现了很多不合理的恐怖,他们为此而烦恼,而且这种烦恼将持续不断。②

这里所说的儿童期的延长与担忧的增加有着怎样的社会背景呢?英国产业革命在 1760—1860 年左右持续约 100 年,在这个时期前后约 400 年的时间里,儿童期延长了,这在很大程度上改变了儿童存在的结构。这一时期的产科学、儿科医学等医学上的进步,把儿童与母亲从死亡的恐怖中解放出来;牛奶加工技术

① M. W. Beaver, "Population, Infant Mortality and Milk", *Population Studies*, Vol.27, No.2 (1973); A. Hymanson, "A Short Review of the History of Infant Feeding", *Archives of Pediatrics*, Vol.LⅠ, No.1(1934); T. McKeown and R. G. Brown, "Medical Evidence related to English Population Changes in the Eighteenth Century", Glass & Eversley (ed.), *Population in History: Essays in Historical Demography* (1965); E. H. Whetham, "The London Milk Trade, 1860 - 1900", *Economic History Review*, Vol. 17 (1964); I. G. Wickes, "A History of Infant Feeding", *Archives of Diseases in Childhood* , Vol.XXⅧ (1953); G. E. Fussell, *The English Dairy Farmer*, *1500 - 1900* (1966).

② E. H. Erikson, *Childhood and Society* (1950, 1963), [日] 仁科弥生訳《幼児期と社会(1·2)》(みすず書房, 1977—1980) "初版のまえがき", 日译本第 4 页。

的提高与保存、运输技术的改良，改善了儿童的营养状态，由于体质的改善，某种程度上也把儿童从饥饿与死亡中解放了出来；公共助产妇制度的确立、产科医院的普及、巡回保健妇制度的建立等医疗制度的形成，促进了育儿的医学与生理学的合理化，把儿童从疾病的痛苦中解放了出来；依靠麻醉实现的无痛分娩，也让女性从分娩的痛苦中解放了出来。

与此同时，以往在家庭及家庭共同体周围紧密的相互扶助与相互监视的空间里进行的生产，现在在近代医学的管理下被安排、被个别化、被规格化，丧失了充满神秘性的生产的自然性与共同性。今天，人从诞生那一刻开始就已经是被匿名处理的。M. H. 克劳斯（M. H. Klaus）和 J. H. 肯内尔（J. H. Kennel）合著的《母与子的纽带》（1976，它被称为最好的育儿书之一）在序言中指出："有效地运用新知识，带来了产科学与儿科医学的制度化和专门化，这导致母与子从与家人的亲密接触开始逐渐疏远了。"①

近代成长的中产阶级"发明"了"儿童时代"，形成了关于儿童教育的新的态度，这是与启蒙思想相联系的，形成了以学校教育为基本的多样化的教育要求。在这之前出现的共同体解体过程，被看作是在对儿童经济性关注的网络中解放了儿童的过程。18 世纪以后出现的情感联系的新的亲子关系方式被认为享受了这种解放。各种教育游戏、玩具、育儿用品、数量众多的浪漫的摇篮曲、面向儿童的文学和出版物、高雅且美丽的"家族肖像画"、被描绘得天真可爱的"儿童肖像画"——所有这一切都被认为是催生近代市民社会的个人自由、平等、博爱等理念给日常育儿带来的美丽且温暖心灵的恩惠。对 18 世纪以后出现的以感情联系为主的核心家庭来说，那些近代学校是一种如果看不上则任何时候都可以脱了丢弃的柔软的上衣般的东西。他们依靠出版数量很多的"家庭教育读本"来解决育儿与教育中的困扰，一旦有什么，任何时候都可以自由地将孩子拉回家里，他们有一定的自信：在家里可以按照自己所想的促进儿童长大成人。

但是，近代各种制度的形成，与之联动的近代学校的公共教育化，将传统家

① M. H. Klaus and J. H. Kennell, *Maternal-Infant Bonding* (1976), ［日］竹内徹，柏木哲夫訳《母と子のきずな——母子関係の原点を探る》(医学書院，1979)，日译本第 7—8 页。

政书所具有的百科全书式的、自给自足的各种功能，一个个地移到家庭之外。而残留下的，只是关于消费的若干调整功能，夫妇关系中相互的情绪的、个人的稳定功能以及儿童的社会化功能。近代化的过程也是人的自给自足能力，即卢梭所说的“自我保存能力”缓慢丧失的过程。分工的发展带来了上述的丧失过程与在功能分化上男女性别作用分工的固定化和标准化，育儿成为母亲这一群体的中心课题，进而被称为母爱的心态被强调乃至被强制为女性固有的普遍的本能性价值观。近代中“儿童时代”的自觉化与长期化，促使育儿专业化，也将女性圈入家庭内变为合理的做法。

5. 育儿专业化的矛盾

医学、生物学、心理学及其他学科领域中与育儿相关的各种发现和知识，确实将儿童从各种自然的制约中或者从社会文化的矛盾中解放出来。近代学校制度的完善、教学方法与教材的开发、学校午餐制度、学校中的预防接种与定期健康诊断、身体发育测定、托儿所、少年法院、教育咨询所、教育研究所等监护和促进儿童成长与发展的各种制度和机构出现了。同时，为维护与运营这些制度和机构，大量通过公共资格审查的咨询人员、治疗师、调查官、学校教师等专门职业人员(expert)出现了。这样，社会迎来了一个主要由各类专业职业人员来处理围绕着人的出生、发育和发展中出现的各种问题的时代。还在近代初期的时候，家长认为这些专业人员只是“必要的时候可以去拜托他们”，而现在，家长生活在“不得不经常去拜托那些专业人员”的物质文明与精神文化中，不得不在男女分工模式相对固定的状态下育儿。贯穿近代化过程的这种专业化，实际是人的自我保存能力的部分化、弱化、解体或丧失的过程。无人知晓如何克服这种倾向。

在少产少死型人口动态的社会中，需要非常仔细地来培育数量很少的儿童，人们感受到一种以往未曾有过的“育儿的失败是绝对不能容许的”心理压力。父亲模式被企业内的官僚体制吸收，囊括了传统家政书各种功能的国家主义层面上的温情主义，导致企业权威主义与管理机构的扩大。在这种结构中，以母子关系为轴心的育儿方式培育了以往不多见的神经质的儿童，以及在自我陶醉性质的亲子关系与青年期文化中停留在“永远的儿童”之中的青年，这样的倾向日趋严重。

对在专业化文化中成长起来的儿童而言，最充满危机的时期是青年期。在青年期，亲子之间难以实现“离开家庭”“离开孩子”或心理上的“弑父母”“杀子”，希望“自立”的意向最终只能导致“孤立”或“异化”的现象。这样的状况告诉人们，围绕儿童青年期的现象已经不是一种特殊的个人的、个别的现象，或许可以说是人类文明的整体出现了病态。“母爱不是利己的，其最为艰难的阶段在于青年期，因为这一阶段要求母亲具有给予一切的能力，具有只为了孩子的幸福而毫无其他欲求的能力。很多母亲在母爱上失败就是在这一时期。自我陶醉的、控制欲和占有欲强的妇女，在孩子小的时候，能够成为一个爱意深厚的母亲。但真正有爱心的女性，是相较于得到而更愿意给予的女性。只有深深扎根于自身存在的女性，才能成为在分离过程中也能真正爱孩子的母亲。”[①] 也许无论男女，只有在这样的困难之中，只有通过相信所有的人——丈夫、妻子、他人的孩子、素不相识的人，才能成为真正的情感深厚的人，成为可以站在“发展可能态的儿童”前面的人。正如人真正的自立是介于共存关系的，真正的共存是个人自立的条件，如果发展是在自立与共存的辩证法关系中进行的，那么怎样一种社会结构才能提供可能？这种问题，即便是现在也还封存在那里，没有答案。

可以把贯穿英国产业革命时代的育儿专业化过程看成是社会秩序混乱的反映吗？或是从传统血缘型共同体的支配下合理的解放？或是新的控制的扩展与延续？欧洲的近代化，是有意识地推动向权威主义管理社会体制过渡中的人的规格化乃至标准化？或是其结果导致了这样的推动？或是开拓了新的个性化的可能性？以往政治史、思想史、制度史中被轻视的关于儿童及青年的发展与形成的社会史意义上的经验事实，构成了深层的历史土壤。探究并理清问题的线索，深入考察，使用新的工具深耕这片土壤，重新构建可以反映人的成熟状态的新的近代史图像的工作，还只是刚刚起步。

---

① E. Fromm, *The Art of Loving* (1956), ［日］懸田克躬訳《愛するということ》（紀伊國屋書店, 1959），日译本第70页。

第二部分

近代育儿图景

第四章

儿童生命观的变化：英国近代儿科医学史

一、导言：儿童视角的领域与可视性

历史上，人们看待儿童的视角是如何变化的？其背后有着什么样的情感与智慧在起作用？其中哪些部分在发生变化，哪些部分没有发生变化？无论是变化的部分还是不变化的部分，在有关儿童各种现象之因果的无穷连锁中，我们对儿童的看法是否变得越来越丰富了？在各种社会性经验、漫长的历史过程中，我们的儿童观是否在尝试接近事物的本质？人生的成熟在于自发地觉悟到生存的孤独与软弱，在这样的情感上能够承受连续无尽的“哀情”，我们是否在接近这样的成熟？儿童的存在，一方面使得这样的现象的可视性不断增加，但与此同时，现代社会有关儿童的现象却越来越不透明，因而围绕着这些现象的疑问也越来越迫切。

理清历史上人们看待儿童的视角是如何变化的研究极为困难。这不仅因为儿童的资料难以保存下来，还因为儿童不是独立存在的个体，儿童是在各种复杂的社会关系中出生、被哺育长大并被赋予存在的意义。为解读儿童存在的这种复杂关系，阿里埃斯在《儿童的世纪——旧制度下的儿童和家庭生活》中带给我们一种新的方法论视角。阿里埃斯反复强调，他不是对家庭、性、出生、儿童、死等现象本身感兴趣，而是要寻找“属于生物学的同时也属于社会性意识方式(mentalité)领域中的这些现象”中的“一种能够看清这些心理现象中的神秘之处，并对我们而言最为有效的方法”。[①]

这里，重要的问题不仅是，阿里埃斯关注作为人性现象具体表征的，围绕家庭、性、结婚、儿童等事项产生的各种关系以及死亡等一些社会性意义浓厚的具体事项。更值得注意的是，阿里埃斯并没有将一般而言的人性作为亘古不变的存在，或人类共同的普遍的存在，而是将其作为与历史一起变化的，并且由生命周期各个时间点上相互交锋的各种关系本身具有的特性规定的存在来认识的。进而，他把阐明各种关系的方法论视角置于生物学领域（自然）与社会学领域（文化）的交叉部分上，尤其是其中的一些固有现象上。这种视角在阐明儿童存在的关系性在历史上是如何展开的，以及其本身是循着怎样的路线发生质变的等方面提供了丰富的启示。

但阿里埃斯的研究以及阿里埃斯之后的儿童观的历史研究在小儿科医学、产科学为中心的生物学-医学视角上的研究比较薄弱。另外，“儿童”的概念是循着怎样的历史性、社会结构性的路线被“发现”的，哪个年龄段的什么层次上的特性被“发明”了的问题依然十分模糊，信息与能确定的事项只是一些片段的内容，认识相当混乱。[②] 尽管关于“阿里埃斯冲击”（Ariès impact）的议论众说纷纭，但关于上述问题的本质性课题的设定与论证，不仅在阿里埃斯介绍者当中，甚至在认识了儿童观历史研究意义的研究者当中也没有展开，这种状态颇为不可思议。[③]

毋庸赘言，儿科医学、产科学研究的对象是处于生命周期起点的婴幼儿期的儿童，研究这一领域的发展可以区分出“儿童”的年龄阶段。进一步，深入研究促使这些医学研究发挥的各种条件，就有可能把握这些条件是如何形成阿里埃斯所说的自然与社会两者相互交叉的领域的。

---

① P. Ariès, *L'Enfant et la vie familiale sous l'Ancien régime*（1960），［日］杉山光信，杉山恵美子訳《“子供”の誕生——アンシァン・レジーム期の子供と家族生活》（みすず書房，1980）的“为日文版所作的序”。［日］中内敏夫，森田伸子訳《“教育”の誕生》（新評論，1983）所收录的“为日文版所作的序”。

② Linda A. Pollock, *Forgotten Children: Parent-Children Relations from 1500 to 1900*（1983），［日］中地克子訳《忘れられた子どもたち》（勁草書房，1988）。

③ 《産育と教育の社会史》1—5（新評論，1983—1985）。

因此，作为具体运用阿里埃斯方法论视角的一个小小的尝试，通过调查英国近代出现的一系列育儿书的出版动向，可以找到一条线索来了解在一般认为完全属于自然科学领域的儿科医学、产科学的历史中，看待儿童的视角是怎么变化的。这里的目标不是通览整个儿科医学、产科学的近代史，而是通过阐明近代社会中看待儿童的医学性"视角"是以怎样的经验事实为契机，拓宽视野并提高分辨能力的，从而把握社会史意义上近代历史中儿童发展思想的实际状况。

二、儿童视角的表征：育儿书的出版动向

人们看待儿童的视角的一个重要表征是被称为育儿书的一种手册类书籍。育儿书是一面镜子，反映了人们看待儿童的意识和对儿童的愿望，体现对待儿童的方式是依据怎样的具体体验和感性表现等状态。

育儿书是一种在日常生活中，用当地特有的语言表达并传承的有关育儿习俗的知识书，也就是将构成育儿文化深层的本土性的价值和意识用文字表达出来。迄今为止，关于这类读物的功能和内容的变化几乎没有被研究过，因而育儿书的概念仍含混不清。因此，我们这里且将育儿书作为记录儿童生命之初所有方面的书籍，其中包含妊娠、生产、授乳、断乳、营养补给、保健、预防疾病、步行训练等涉及儿童生存的整个活动，以及道德训练、礼仪行为、人格修养、初步职业指导等为个体发展展开的广义的"教养"活动。这样的书包含出生指导书、助产妇论、养育书、小儿疾病论、礼仪行为书、家庭医学书、人格修养书等。①

图 4－1 显示了英国在 1500—1900 年出版的这类育儿书的数量变化。它是从迄今为止在儿童观史、家庭史、亲子关系史、教育社会史、儿科医学、产科学史等研究领域曾被提及和使用过的，以儿童发育与社会化有关的图书中，对照大不列颠图书综合目录收录的 1 000 多种手册类书籍，挑选出在英国出版的且出版

① ［日］北本正章"近代ヨーロッパにおける《子育て書》の系譜に関する一考察"《研究室紀要》第 8 号（東京大学教育学部教育史・教育哲学研究室，1982），第 38—53 页（参照本书第六章）。

时间标记清楚的，可作为育儿书进行分类的414种图书，并按出版年份制成此图。其中也包括在法国、德国、意大利等国广为流传的几种育儿书的英译本。当然，此图没有包罗1500—1900年出版的所有育儿书。尽管有不足，但从图中已能够了解育儿书出版动向的概要。另外，将图4-1与历史人口学、经济史学、家庭史学等方面的研究成果对照，也能够明了看待儿童视角的几种转变。

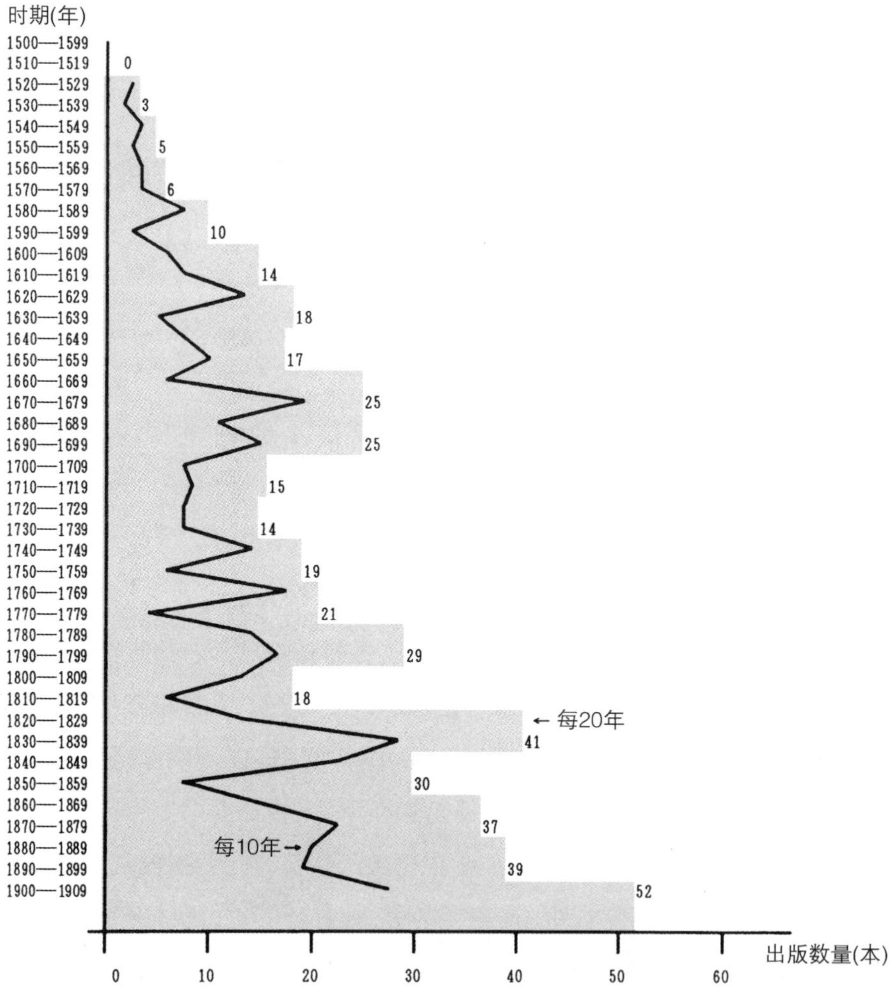

图4-1　英国1500—1900年出版的育儿书的种类变化

图4-1显示了英国1500—1900年这400年间出版的育儿书数量变化，其中数量上的增长大致有以下五个时期。

第一个时期是16世纪40年代至17世纪20年代，与其他时期相比，这一时期持续了相当长的时间。这一时期可以分为两个阶段：16世纪40年代至80年代前期，16世纪80年代中后期至17世纪20年代后期。第一个阶段出版的育儿书大多是从拉丁文书籍中翻译的。与此相关联，由在佛罗伦萨（Firenze）、帕多瓦（Padova）学习的托马斯·林纳克（Thomas Linacre），托马斯·莫尔（Thomas More）的导师、牛津大学最初的希腊语教师威廉·格罗欣（William Glocyn）等将盖伦的医学介绍到英国，在大学中开设医学系等，这些活动明显受到意大利文艺复兴时期的身体论、养生论、医学论的影响。[①]

如果说第一个时期第一阶段主要翻译介绍外国的育儿书，第二阶段则是模仿期，或者说是与翻译引进相抗衡，出现了英国人自己撰写的育儿书。[②] 这与这一时期印刷术的发展一起，形成了结合英国的风俗与传统，用英语书写育儿书的大众化时代的前期。虽然用英语书写的育儿手册、指南被大量消费是在17世纪末以后，但在这个阶段已经萌芽。由于宗教改革后的理性高扬，“教育革命”带来的识字率的提高，清教思想的“本土化”以及家庭结构的变化，育儿知识逐渐成为文字并被收入在育儿书中，这种知识传递方式逐渐变为相对间接的形式了。[③]

第二个时期是清教革命后的1660—1690年。在这一时期，第一个时期后期带有很强的受初期清教伦理倾向影响的育儿书与以哈维的血液循环论代表的近代医学结合了起来。也就是说，以往传承下来的育儿知识受到清教理性主义的洗礼，并得到“科学革命”时代的解剖学、生理学、发生学等学问的验证。进入这一时期，以往的清教徒对育儿诉诸的道德主义的狂热，由于近代科学的实验方法而被重新考虑。而育儿的知识因吸收这一时期医学论、知识起源论、感觉论等而具有新的合理性。现在我们知道这类育儿书的典型是修学过医学的洛克撰写的

---

① Charles Webster, *The Great Instauration* (1975), pp.100 - 129.

② L. B. Wright, *Middle-Class Cultures in Elizabethan England* (1935), pp.170 - 296; Audrey Eccles, *Obsterics and Gynaecology in Tudor and Stuart England* (1982), p.15.

③ L. Stone. “The Educational Revolution in England, 1560 - 1640”, *Past and Present*, No.28 (1964), pp.41 - 80.[日]佐田玄治訳《エリートの攻防》(御茶の水書房, 1985) 收录，日译本第3—68页。L. Stone, *The Family, Sex and Marriage in England, 1500 - 1800* (1977), [日] 北本正章訳《家族・性・結婚の社会史——1500—1800年のイギリス》(勁草書房, 1991), 日译本第98页以后，特别是第332—400页。M. James, *Family, Lineage and Civil Society* (1974), pp.67 - 108, 177 - 198.

《教育漫话》。

第三个时期是1730—1780年的半个世纪。从图4-1可以看出，这个时期育儿书的数量增加了，而这一状况与儿童观历史的其他经验事实也是一致的。例如，在这个时期的生物学中，围绕着个体发生的起源，认为精子是生命起源的精源论与认为卵子是生命起源的卵源论在很多方面展开了论战。[①] 这样的发生学或胎生学，以及生理学、植物学、遗传学等的进展，与启蒙思潮的高涨一起，给予公开出版的产科学书、儿科医学书带来了很大影响。将洛克以后的儿童观与启蒙医学书紧密联系在一起的，就是这种从生物学、医学视角出发的认识。[②]

通过育儿书普及生物学、医学方面知识的同时，玩具产业的出现，育儿用品的商业化，笛福、斯威夫特和纽伯里等在商业上的成功带来的儿童文学与面向儿童的出版物的出现，这一系列的动向标志着育儿书所代表的这一时期的社会文化侧面的特征。[③]

第四个时期是19世纪10—50年代。这一时期与第一、第二个时期相比，时间要短得多，但这一时期出版的育儿书多达70种。随着产业革命的进程继续向前推进，不断细化的分工带来了基本生活的结构性变化，阶层分化不断发展；与此同时，传统的信息传递网络被截断了。这样的结果带来了手册类书籍在人们的信息网络中的价值要比以前提高很多，而在短期内育儿书数量急剧增加表明当时人们对儿童的发育与社会化关注的新高涨。但反过来，这也可以说反映了当时育儿知识的混乱与在育儿问题上人们的不安情绪的升高。而其中特别感到不安与担忧的就是母亲了。

这一时期出版的育儿书的特点是论说"母亲的形象"，或直接面向"母亲"的

---

① G. R. Taylor, *The Science of Life: A Picture History of Biology* (1963)，[日]矢部一郎，江上生子，大和靖子訳《生物学の歴史（1・2）》(みすず書房，1976—1977)，日译本第121—147页。

② A. McLaren, *Reproductive Rituals* (1984), pp.22-26. [日] 荻野美穂訳《性の儀礼——近世イギリスの産の風景》(人文書院，1989)；R. Trumbach, *The Rise of the Egalitarian Family — Aristocratic Kinship and Domestic Relations in Eighteenth-Century England* (1978), pp.166-170.

③ J. H. Plumb, "The New World of Children in Eighteenth-Century England", *Past and Present*, No.67(1975)；J. H. Plumb, "The Commercialization of Childhood in Eighteenth-Century England", *Horizon*, Vol.18, No.4(1976), pp.16-29；I. Pinchbeck & M. Hewitt, *Children in English Society* (1969-1973), Vol.1, p.299.

出版物比之前增加很多。这一时期的育儿书认为，育儿是女性的专属任务，女性的这种自觉与下意识的沉淀，相应地出现在第二个时期的初期。当时，出版了各种面向母亲的手册，其从清教伦理立场出发，并且重视母乳喂养，而在第四个时期，这类育儿书更加突显出世俗性盘算的倾向。

以具体事例而言，这样一类育儿书有以下一些：

威廉·巴肯著《给需要促进自身与孩子的健康、体力、美观的母亲们之赠言》(1803)

休·史密斯(Hugh Smith)著《女教师与新妻之书》(1811)

安·泰勒(Ann Taylor)与简·泰勒(Jane Taylor)著《年轻妻子、母亲、女主人的各项义务之实务心得》(1815)

威廉·科贝特(William Cobbett)著《关于改善初期教育与教养的赠言》(1829)

约翰·史蒂文斯·卡伯特·阿博特(John Stevens Cabot Abbott)著《家庭之母、或为母者的义务之各项原理》(1830)

莉迪娅·玛丽亚·蔡尔德(Lydia Maria Child)著《母亲之书》(1831)

作者不详《为婴幼儿的正确养育与健康维护之母亲忠告》(1833)

威廉·安德勒斯·奥尔科特(William Andrus Alcott)著《年轻的母亲》(1836)

路易莎·玛丽·巴韦尔(Louisa Mary Barwell)著《为母亲及守护人之保育管理或小儿处置的指教》(1836)

莉迪娅·玛丽亚·蔡尔德著《母亲心得》(1837)

托马斯·布尔(Thomas Bull)著《给母亲们的赠言》(1837)

莉迪娅·亨特利·西格妮(Lydia Huntley Sigourney)著《给母亲们的信函》(1838)

凯莱布·蒂克纳(Caleb Tickner)著《为母亲与乳母的育儿指针》(1839)

作者不详《母亲主导的家庭教养》(1841)

斯蒂克尼·埃利斯(Sarah Stickney Ellis)著《英格兰的母亲们》(1843)

约翰·特里克·康奎斯特(John Tricker Conquest)博士著《有关产育给母亲的信箴》(1848)

从上述资料可以了解到，这一时期的“育儿”完全成了母亲的工作，将女性圈栏进家庭的宣传在更广泛的社会阶层中扩散。另外,以母亲为目标的育儿知识的商品化成为能够获得经济性成功的社会性需求。以往由百科全书式男性家政书担负的功能被近代国家的行政机构吸收,并演变为这一时期随后涌现的两类女性家政书——烹饪书与育儿书。①

第五个时期是19世纪60年代至20世纪10年代。在这一时期中,第四个时期时表现的"母亲指向"愈加明显。这一时期的育儿书更加清楚地意识到儿童的年龄阶段,并将其细分化。各年龄阶段育儿的内容分类更加多样。这一时期育儿书的重要特征在于,将育儿当作上流生活样式的攀比手段,极力表现母亲如何高雅、贤惠、快乐地教养和管理孩子,以及个人家庭的道德性优美,将如何提高这种权威和外表的品位作为主要方面来标榜。这样的育儿书在高扬家庭道德旗帜的维多利亚时代被广泛阅读和宣传,这一事实可以用来说明近代公共教育制度是在怎样的社会性基础上建立起来的。

三、儿童视角的空间与分类:近代儿科医学与产科学的源流

众所周知,1543年是人类文明史上具有划时代意义的一年。葡萄牙人漂流到种子岛,波兰天文学家哥白尼出版了《天体运行论》。前者是在地理学和东西文明交流史领域扩大了人(当然主要是对日本人而言)的视野,后者是在天文学领域扩大了人的视野。这两件事扩展了人对外部空间的可视性。同年,比利时解剖学者维萨里出版了《人体结构》一书,扩展了人对人体内部结构的视野,增大对人体内部结构的可视性。

正在这些重大事件开始影响人们的时候,英国出版了一部儿童史上值得注意的书籍:1544年出版的托马斯·费尔的《儿童之书》。这是英国人撰写的最早

① Frank Musgrove, "Middle-Class Families and Schools, 1780 - 1880", *Sociological Review*, Vol.7, No.2(1959).

的儿科医学书。著者费尔最初在牛津大学学习法学，后转为医学，在 1558—1559 年申请医学博士学位被批准时，他已经作为开业医生积累了 20 年的治疗经验了。正如此书序文所表明的，他著述此书的目的在于，"为人们最需要的——儿童作贡献，为给人们展示上帝授予的、人可以利用的治疗法，为将用外国语言书写的一些珍贵的治疗法传授给没有外国语言知识的人"。[①] 从 1553 年、1560 年、1567 年、1570 年、1596 年多次重版的情况看，考虑当时的出版技术，这本书应相当受欢迎。《儿童之书》记载了 40 多种儿童的疾病，以及各种病的症状与治疗法。

从医学书的叙述方法上可以发现，那个时代的很多书，无一例外地受到盖伦、伊本·西那(Ibn Sina)的强烈影响，有着强烈的经典崇拜与朴素的对症下药的倾向。这样的书籍中不太能看到依据临床治疗经验的符合规律的反思和着重预防的思维方式。著者所说的"更好的知识"未必能降低婴幼儿的死亡率，有时反而比原本的疾病更为严重地造成死亡率的升高。依今天的儿科医学以及与有关儿童发展的各种科学水准来看，在那个时代的儿科医学里混合着一定的科学见解与魔术、咒术性质的方法。

把这本书放在前述的第一至第五个时期育儿书的漫长历史中来看，此书在第一次区分出儿童期特有的疾病这一点上是具有划时代意义的。在 18 世纪以后临床医学开始提供基本数据之前，这本书一直是儿童疾病分类法的经典之作，从这一点来看，虽然书中的内容有不少模糊且不能理解的地方，但是此书还是开拓了从医学视角关注儿童的历史起点，意义重大。

同样的情况也出现在产科学、助产术上。例如，15 世纪初出版的最早的英文产科学书籍《女性健康手册》，以及最初由德文原典(1513)经拉丁文版(1532)翻译为英文的助产术书籍《人的诞生》(1540)，两者在出版后一个世纪里多次重版，在育儿书的出版史上处于第一个时期至第二个时期中产科学、助产术的标准教科书的地位，成为那个时代其他很多出版物的典范。但这些书都还处于以朴

① A. Eccles, *Obsterics and Gynaecology in Tudor and Stuart England* (1982), pp.120 - 121; R. Trumbach, *The Rise of the Egalitarian Family — Aristocratic Kinship and Domestic Relations in Eighteenth-Century England* (1978), pp.165 - 235.

素的分类法来叙述，内容中混合着“科学知识”性质的经验知识与咒术、魔术性质的习俗性传统知识的状态。

拉丁语文献的大量翻译在启蒙育儿知识上有着一定的进步意义，但在习俗中的传承知识被文字化以后，也造成知识的阶层化，即分化为教授文字性质知识的阶级与通过口耳相传知识的阶级。但识字量低的人传承的知识并非都是不科学的，其中也存在着经过长期痛苦经验而得到确认的知识，这比受过长期教育的专家的知识与处方更能让人放心。例如，妊娠期越长，孩子的生存率越高；怀孕时间通常为9个月；出生后母乳喂养有一定的避孕效果；初乳对婴儿来说不是有害的，如同现代的理解有着免疫功能等，这些都是当时人们所共有的关于育儿的理解。这些可以“放心”的知识，即便在有关出生、哺乳、育儿的知识被文字化以后，也长期在社会下层人群中留存着，作为隐性知识沉淀下来。但是，在这些可以“放心”的知识里面也潜伏着咒术、魔术性质的迷信。例如，有无妊娠用“尿占卜”来测试，把孕妇抛到毛毯上可以减少难产，等等。[①] 很长时间以来，生产的凶吉与占星术有着很深的联系。到了18世纪，这类占卜形成了热潮，坊间流传着各种“运势历”，称为“数理易断人”(philomath)的占星术家十分有人气。

这些现象可以看作为生存在多产多死型人口结构社会里的人内心不安的表现。母亲的生产准备很多与难产、死产，以及母亲自身的产褥热导致的母子死亡相重叠。儿童的诞生与死亡之间的距离极为接近，对儿童的看法不太可能通过有着未来期待的胚胎及其成熟过程拉开生与死之间的距离。

人们祈祷平安出生，将各种护身符、祛邪符赠予孕妇，希望通过新生儿脸上、身体上的“母斑占卜”预知孩子将来的吉凶祸福。这种占卜既是一种消解生命过程中人们担忧的方法，也是对回报甚少的人为努力的一种无常与谛观的表现。人们相信星期五生下的孩子将一生失意，并具有能够看见幽灵和精灵的特殊能力。16世纪40年代开始流传的谚语“好运与生俱来”(Be born with a caul)，其中的“caul”是指胞衣或大网膜，是羊膜的一部分，分娩时有时会罩在婴儿的头上一起出来。人们将其称为“幸福的帽子”，当作避水难的护身符。

① Thomas Phayre, *The Boke of Children* (1543), pp.1-2.

从查尔斯·狄更斯(Charles Dickens)《大卫·科波菲尔》(1848)中的一节(见下文)可以看到，这个谚语在19世纪下半叶还存在着。

> 我生下的时候，据说头戴着胞衣。于是马上就以15几尼(英国货币单位)的便宜价格，在报纸上登了出来。但当时的船员也许手头紧，也许相信的程度不高：与其买这样的东西，不如买一件救生背心。到底什么原因搞不清楚，只知道提出要买下的就一个人：证券中介的代理人。而且，钱只肯付两镑现金，余下的用雪利酒付。他说如果还要提价，那就不要这种什么避水难的护身符了。[①]

此后，这种避水难护身符的胞衣就用妇女帽子的边缘或帽子后面的网套来代替了。

如上所述，在对儿童的医学性视线的空间及其分类框架里同时混合着非科学的知识与科学的知识。前者对于传统社会的人们来说，是可以“放心”的知识，但并非完全是科学且安全的知识。如何从这样混沌的未形成体系的知识中，以何种形式提取和培育出科学、安全的近代育儿知识来呢？为了了解这一点，以下将讨论被称为“裹卷襁褓”的育儿习俗的废止、代替乳母养育而兴起的母乳喂养的出现等有关育儿的几个具体问题，探究育儿观念变化的过程。

四、儿童视角的遮挡：裹卷襁褓与乳母养育

裹卷襁褓是用狭长的布条，在婴儿出生后不久，就将婴儿的两手、两脚拉直，从双肩到两脚，像木乃伊那样一圈一圈地将婴儿裹起来，使他们的手脚一动也不能动。这种裹卷襁褓的育儿方式在《乳母的访问》[②]、《出生后两个月的科路纳里

① Charles Dickens, *David Copperfield* (1849－1850), ［日］中野好夫訳《デイヴィッド・コパフィールド（1）》(新潮文庫, 1967), 日译本第8页。

② Diana Dick, *Yesterday's Babies* (1987).

雅・布鲁克》(1581)[①]、《牧羊人们的祈祷》(藏于卢浮宫美术馆)[②]、《科勒蒙德里姐妹》(藏于泰特美术馆)等作品中都有反映。而这种狭长的布条,在威廉・亨特(William Hunt)1849年发明的"安全别针"被广泛使用之前,都是用针状的别针固定的。"safety pin"一词被广泛使用始于1857年。

这种将婴儿紧紧束缚住的习俗是从何时开始的,尚未找到关于此的详细研究。但在盖伦的医学书中就有关于裹卷襁褓的记载,从这一点上来判断,这一习俗可能有着从古罗马时代(Greco-Roman)开始的漫长历史。用这种被称为"裹卷襁褓"的紧裹尿布来束缚的婴儿,时常与行李一起被运到父母或乳母的劳动场所或旅行地,时常会被放置在某处或被挂在什么上面被遗忘了。更有甚者,会被丢弃在森林里或道路旁,像垃圾一样被抛弃。被挂在钉子上的婴儿,由于裹卷襁褓的紧裹处于半窒息的状态,看孩子的人可以不受孩子哭声的干扰,继续自己的工作。

裹卷襁褓的育儿习俗让婴儿的心跳频率下降,阻断了他们对成人世界的要求,压制他们的哭声,逼迫婴儿长时间忍耐。这样的育儿方式中当然不存在近代以来最受关注的步行训练等身体运动,或排泄训练的方法等。裹卷襁褓比起现代的育儿方式,可以大幅度地减少替换衣服的次数。因此,母亲和乳母与婴儿接触的时间非常短,而在为使孩子获得自律能力在各种教养上花费时间的做法,也是很多年以后的事情。

18世纪以前,婴儿与母亲的接触时间很短,这不仅是因为裹卷襁褓。当时生下不久的婴儿通常被送到承揽授乳和育儿任务的乳母那里。婴幼儿被送去寄养的习俗是缩短母子接触时间的最大原因,而这也是导致婴幼儿死亡率高达千分之四百乃至七百的重要原因。

乳母为了让寄养的婴儿看上去胖,将婴儿扎得很紧。因为层层紧扎,质地很硬的亚麻布料的褶皱嵌入了婴儿的皮肤,导致婴儿柔软的皮肤淤血,呈黑红色。尿和大便黏在皮肤上也不及时处理,导致婴儿的皮肤经常容易出现红斑和瘰疬性质的肿块,被裹卷在襁褓里的婴儿经常受慢性皮肤病的折磨。

---

①② Diana Dick, *Yesterday's Babies* (1987).

乳母对于几个星期浸在自己的粪便里开始发臭、声音也发不出来的婴儿放任不管，几乎没有任何清洁处理和卫生学上的处置。当时流传的一种说法，把裹卷在襁褓里的婴儿称为“放臭气的脏家伙”。婴儿的这种不舒服，不仅局限于身体表面，也影响到体内。襁褓压迫着肋骨，使肺功能减弱，氧气的吸收量减少。因此，脸色苍白的婴儿呼吸很弱，经常咳嗽、呕吐。另外，乳母并没有依据婴儿的消化能力，有规律地按时间间隔喂乳，而是依着乳母自己的方便，时少时多地任意授乳，且授乳的质量也很低劣。这样的育儿方法导致婴儿经常受到胃酸分泌过多、肠发酵失常、腹痛、绿便、痉挛、肠梗阻、发高烧等致命疾病的袭击。

在这样的慢性皮肤病、消化不良的治疗上使用了各种药物，也使得婴儿与药(药剂师)的联系加强了。而这却导致在婴儿身上施加了新的致命行为。乳母为了让婴儿安定下来、睡着，就给婴儿使用麻醉剂、罂粟汁、鸦片酊、白兰地酒、各种奇特的泻药等。而且，由于还没有确立药物使用的安全标准，与没有用任何相比，用药不当致命的情况更多。①

但是，裹卷襁褓的习俗没有衰退，长时间持续是因为什么原因呢？

为了使近代以来提倡的舒适、合理、简便的育儿方式正当化，而将裹卷襁褓的抑制身体发展、束缚运动能力、使婴儿生存方式极为被动等弊端作为中世纪社会束缚人的一种表征，当作应予批判、克服的对象来解释是很容易的。但是，不了解裹卷襁褓习俗背后隐藏的意图与必要性，只给予表面的批判，无助于深化历史认识。确实，裹卷襁褓的习俗表现了成人、家长、乳母对于育儿的随意与缺乏关注，但从近代以前的医学水准与生活状况上来考虑，是否存在取代这种方法的可能性呢？毋宁说，裹卷襁褓的方法中包含着家长某种切实的意图，可以从以下两点来探讨这个问题。

第一点可以考虑的是，当时的人想以一种朴素的方式来防止疾病感染。

---

① E. Lipton, et al., “Swadding, A Child Care Practice”, *Pediatrics*, Vol.35, No.3, Part Ⅱ; L. Stone, *The Family, Sex and Marriage in England, 1500 -1800*(1977), pp.161 - 162, 424 - 426.［日］北本正章訳《家族・性・結婚の社会史——1500—1800 年のイギリス》（勁草書房, 1991), 日译本第 57—62, 128—129, 351—354, 376—377 页。D. Jarrett, *England in the Age of Hogarth* (1974), pp.59 - 60; E. Badinter, *L'Amour en Plus: Histoire de l'amour maternel* (1980),［日］鈴木晶訳《母性という神話》（筑摩書房, 1991), 日译本第 106—132 页。

前面我们讨论了裹卷襁褓造成婴儿柔软的皮肤患慢性皮肤病的问题。但是，直到免疫学、细菌学、传染病学、生理学等开始发展起来的19世纪中叶以前，成人也遭受着很多疾病的折磨。阅读1700年出版的贝尔纳迪诺·拉马齐尼(Bernardino Ramazzini)的《论手工业者的疾病》可以了解到，助产妇与乳母很多感染了疾病，她们是疾病的携带者。[①] 因此可以考虑，裹卷襁褓是婴儿与助产妇、乳母接触时防止皮肤病感染的一种方法。另外，比日本湿度低的欧洲比较干燥，灰尘较多，也有可能以裹卷襁褓的方法来防止皮肤的污染。但无论何种原因，因为那是一个医学视角相当模糊的时代，即使有上述意图，裹卷襁褓的实际结果还是造成了前面所述的悲惨状况。在这样的状态里，原因和结果是同在的。

第二点可以考虑的是，那个时代存在“矫正”的观念。当时的人担心婴儿柔软的手脚会因扭曲造成残疾。从疾病社会史看，15—19世纪初是关节炎多发的时代，特别是佝偻病造成身体的畸形。人们为了不让儿童的身体发生畸形，从婴儿时期开始就用紧紧束缚的方式来端正身体。裹卷襁褓被设想为预防佝偻病的一种方法。将儿童矫正为一种理想的“形体”的想法是自古希腊以来欧洲教育思想的基本观念。即便在今天，我们也可以看到，欧美国家的家长对于矫正孩子的体型、姿势、牙齿的排列要比亚洲人注重得多，这可能也是这种思想的一种体现。

但是在病毒学、营养学、预防医学等学科尚未发展起来的那个时代，与当时人们持有的意图相反，裹卷襁褓反而造成了悲剧性的结果。也就是说，由于裹卷襁褓，婴儿无法接受日光浴，这妨碍了阳光对皮肤表面的杀菌作用和预防佝偻病的维生素D在皮肤下生成的作用。而维生素D不足阻碍磷钙的代谢，致使骨骼发育恶化，造成婴儿体质虚弱和畸形。这里同样可以看到一种意图与结果的悖论。

关于这一点，1741年出版的尼古拉·安德里(Nicolas Andry)的《整形术或预防幼儿身体畸形的矫正术》是一本值得关注的著作。正如安德里在此书的“关

---

① Bernardino Ramazzini, *De morbis artificum diatribe* (1700), [日] 松藤元訳《働く人々の病気》(北海道大学図書出版会, 1980), 日译本第104—127页。

于书名"的解说中所叙述的，"Orthopedics"一词是作者将希腊语中具有把畸形身体拉直含义的"ορθοζ"与儿童含义"παιδιν"组合起来的造词。[①] 这显示了这一时期对脊椎弯曲症、内翻足以及其他畸形疾患的外科性治疗开始迅速发展。

从以上的阐述可以看出，关于近代教育思想包含矫正与整形的意识与构想的问题，可能需要从儿童疾病社会史及其中意图与结果相悖的历史过程中来重新理解。[②]

五、儿童视角的合理化：启蒙医学与儿童

上面看到的放弃裹卷襁褓与乳母养育的习俗，形成新的合理对待儿童的认识，还必须经历几个契机。

其中一个契机就是清教徒对乳母养育的批判。[③] 这种批判在前述出版动向的第一个时期后期到第二个时期集中表现出来。这一时期出版的大多数育儿书是由清教徒撰写的，其基调是提倡"圣经至上"的基督教母爱。例如，乔治・杰福德(George Gifford)的《十五的说教》(1598)、罗伯特・克利弗(Robert Cleaver)的《家政之神圣形态》(1603)、弗朗西斯・迪林厄姆(Francis Dillingham)的《基督教徒的经济或家政书》(1609)、古奇的《家政书》(1622)、威廉・惠特利(William Whately)的《原型》(1640)等几乎都是引用《圣经》的论说，强烈倡导母乳喂养的重要性。如以下言辞：

> 神为何授予女性乳房？……不会是让乳汁洒向地面吧！……是为这个世上的新居者造就的。

---

① G. F. Still, *The History of Paediatrics* (1931), pp.352 - 359; John Ruhräh, *Pediatrics in the Past* (1925), p.212.

② Michel Foucault, *Surveiller et Punir — Naissance de la prison* (1975), ［日］田村俶訳《監獄の誕生》(新潮社, 1977), 日译本第 139—228 页。

③ ［日］北本正章"ピューリタン家族における子育て意識に関する一考察"《日本の教育史学第 24 集》教育史学会紀要 (1981), 第 82—101 页 (参照本书第五章)。

神让母亲的血液变为乳汁……乳房组织内形成让乳头将温暖的乳汁授予自己的孩子通路，人从经验上得到这样的教诲。

当时的女性抱怨哺乳会弄脏衣服，丢失女性的美貌，甚至年纪轻轻就出现老态、乳房松弛，对于这些抱怨，育儿书说教道：

你看那些实际授乳的母亲，与不授乳的人一样……保持着服装的清洁……给自己的孩子授乳，正因如此，她们不仅越来越美丽，而且在保持母亲自身的健康上也很有利。

清教徒被教导：母乳喂养对母亲来说是最为自然的养育法，是遵循着神的意志的。母子互相注视着，授乳的母乳喂养实践是提高对儿童发育的细致关注与感情交流的一个开端。另外，取代替换很花时间的裹卷襁褓，设计了脱换方便的内衣，增加了皮肤相互接触的时间与更换衣服的频率，使婴儿更加清洁、卫生。放弃裹卷襁褓与乳母养育，让婴儿手脚自由活动并提倡母乳喂养最初仅是在清教徒家庭里推行，18 世纪中叶以后，开始在中产阶级中推广开来，母亲为育儿所花的时间也比以前增加了许多。[①]

由清教徒倡导的对裹卷襁褓与乳母养育的批判，花费了很长时间才在社会上推广开来，而发挥推进作用的人群是启蒙医生。其中特别从医学的角度给予这些陋习予以彻底批判的医生是卡多根。他在被称为“近代儿童保护基石”的著述——《关于 3 岁以前儿童养育及处置的随想》中批判了裹卷襁褓与乳母养育的错误，将田园乡村的朴素生活的健康与城市生活作比较后，阐述道：

住在乡村的下层阶层的人中，无论是在成人还是在儿童中，疾病与死亡并没有像城市那么频繁。对贫穷的人——应该说是勤劳的人——来说，得

① R. Trumbach, *The Rise of the Egalitarian Family — Aristocratic Kinship and Domestic Relations in Eighteenth-Century England* (1978), pp.208 - 210.

到的恩惠是健康与儿童。在这里，对于过度的恩泽的欲望被限制在自然制约的范围之内。因而，他们即便不了解其原因之所在，即便对神的恩赐是无知的，但他们充分享受着这一恩泽。母亲用很少的布包裹她的孩子，让自己的乳房充溢。她们的孩子看上去健康而强壮。

这里看到的城市与农村的对比、自然与人为的对比是18世纪末以后由威廉·布莱克（William Blake）、威廉·华兹华斯（William Wordsworth）等浪漫主义诗人讴歌的田园乡村朴素生活的理想的半个世纪里，被人们不断重复的对立概念。贯穿于卡多根思想中对于自然力量的信念，在对儿童发展力表达上最为强有力地表现了出来。他这样阐述道："自然原本将儿童打造成能够克服一切困难的强者，错误的乳母养育反而削弱了儿童的体质，致使他们病弱。"

对与儿童的"视角"更趋于合理的第二个契机，在于儿科医学与产科学中"临床"概念的深化。①

产科学开始显示临床医学性倾向，是从在法国赢得名声的雅克·吉耶莫（Jacques Guillemeau）撰写的《生产、或女性的幸福分娩》（1609）1612年被翻译成英文时开始的。书中介绍了当时在巴黎赢得声价的安布鲁瓦兹·帕雷（Ambroise Paré）的子宫内胎位回转术（podalic version）。促使这一倾向加速发展的是，帕雷的几部著作被英译（1634）后不久，雅各布·吕夫（Jakob Rueff）的《熟练助产妇》（1554）于1637年被英译。此书给出子宫内胎儿发育的想象性解剖图。这种解剖学的视角在重视帕雷胎位法的哈维的《生产》（1651）一书中也被继承发扬。其后，英国第一部由女性著述的产科学书籍——《助产妇之书》由简·夏普（Jane Sharp）完成，并多次重版。由此，胎位转位法的改善与解剖学紧密结合，提高了对胎内婴儿的可视性。

胎位转位法的改善及其普及给人们的"儿童视角"加入了"安全"知识。由习俗性知识支撑的为平安出生而施行的种种护身符、驱魔符，给产妇腹部撒上念过

---

① ［日］川喜多愛郎《近代医学の史的基盤》（岩波書店，1977），第292—336页。M. Foucault, *Naissance de la Clinique*, *Une archéologie du regard médical*（1963），［日］神谷美恵子訳《臨床医学の誕生》（みすず書房，1969），日译本第83—151页。

咒的粉末，难产时在产妇床上旋转、倒立等无效的助产仪式被废除，由临床的观察、经验重新构建的知识体系不断丰富。这样，从 17 世纪后半叶开始，产院与医院结合，优秀的产科医生在实践中被培养起来。[①] 因此，关于胎盘生长、产后出血过多、败血症等的知识积累，产科医生能够缩短分娩时间，帮助分娩用力，防止痉挛和子宫肌无力。有关婴儿出生的预防卫生学新认识的建立，原因就在于这样的发展过程。

在这样的"安全"出生的科学化与普及的进程中发挥重要作用的是，男性助产士的出现，以及他们使用的分娩钳子的发明与改进。

自古希腊时代以来，助产一直是女性的工作。在英国，助产妇除了由国教会发行的开业许可证以外，至 1920 年议会通过《助产妇法》之前，不需要接受任何公共机构的资格审查，只重经验。因而，在助产妇进行的魔术性、传承性的民间疗法中存在着许多从医学和心理学上看是有害的处置方法。助产妇帮助分娩护理的技术水准低下，往往导致母体与胎儿的悲惨结果。进入 18 世纪，助产妇水准进一步下降，社会各方都要求强化助产妇的教育。

同时，儿科医学领域也开始引入"临床"的观念。由科学精神与启蒙运动的人道主义支持的近代儿科医学以临床为基础开始出现在医学领域，其背景存在着儿科医学与"弃子"或"孤儿院"结合的长时间的历史。[②] 在英国，最为清晰地显示其关系的是，第三章中论述的儿科医生卡多根与伦敦孤儿院的联系。

至 1760 年，伦敦孤儿院共收容孤儿 16 326 人，死亡 9 962 人，死亡率竟达 61.01%。这与 1730—1779 年在伦敦出生的儿童 1 178 346 人，5 岁前的死亡率为 44.72%相比，要高出很多。[③] 这时的英国社会处于产业革命的上升期，不得不对弱者和儿童采取简慢处理，反映了这一时代文化上的贫瘠与对未来的绝望。

---

① ［日］川喜多愛郎，《近代医学の史的基盤》（岩波書店，1977），第 408—409 页。

② ［日］小林登"母乳哺育の勧め"，ダナ・ラファエル《母乳哺育》（文化出版局，1977）所收，第 262 页。［日］小林登編《新・育児学読本》（日本評論社，1985），第 3 页。

③ R. K. McClure, *Coram's Children — The London Foundling Hospital in the Eighteenth Century* (1981), p.261; T. R. Edmunds, "On the Mortality of Infants in England", *Lancet*, 30 January, 1836, p.692.K.

卡多根等医学工作者在这样严峻的现实面前，努力在饮食、断乳食物、空气、衣服、步行、牙齿萌出、身体洗净等方面，细致地改善儿童的状况，积累了大量依据临床经验获得的感染预防与卫生管理等方面的观察记录。

卡多根为伦敦孤儿院儿童的疾病治疗与养育制订方针而写下著作《随想》。此书至 1782 年共出了 10 版，也出了德语版和法语版，极大地影响了其后的小儿科医学。[①] 以下这些儿科医学工作者都受到此书的很大影响。例如，撰写《关于儿童容易发生的疾病之说明》(1767)与《儿童施疗院概要》(1772)的著者，1769 年在伦敦设立最初的正式儿童施疗院，在治疗的同时，热心于后继者培养的乔治·阿姆斯特朗(George Armstrong)；至 1819 年重版 77 次的《儿童的疾病》的著者米歇尔·安德伍德(Micheal Underwood)；《关于 3 岁以下幼儿养育的随想》的著者詹姆斯·纳尔逊(James Nelson)等人。作为 18 世纪以后启蒙医学的中心人物的巴肯，在至 1830 年重版 26 次并得到很高评价的《家庭医学书》(1769)中这样反省道："迄今为止的医生，没有充分关注照看儿童的方法。一般而言，照看儿童被认为是女人的事，而医生往往拒绝给已患疾病的儿童作诊断。"这样的精神是从卡多根等人的实践中继承下来的。

以上看到的，对于儿童的出生、发育与养育的理性视角最初以清教徒批判乳母养育与裹卷襁褓为契机，进而与产科学和解剖学结合，推动男性助产士的出现，通过孤儿院里严峻悲惨的临床实践加深了对儿科医学的科学认识，从而使得其可视性得到提高。制止杀子弃子，与疾病斗争，依靠临床医学、营养学、生理学、传染病学、卫生学等的发展与无知作斗争，所有这些都旨在拓展培育和慈爱生命，让所有生命指向有意义之死的视角。近代儿科医学、产科学与育儿的社会史教诲我们，在辉煌的进步背后存在着无数的艰难，而且是以儿童的死亡为代价。如同个人的成熟过程一般，通过对近代儿童观黯淡深渊的注视，我们的儿童视角也在一步步接近成熟。儿童视角的开拓不是出于对强力的追求，而是与生命的黯淡、悲惨和羸弱共在。

---

① J. and M. Rendle-Short, *The Father of Child Care—Life of William Cadogan* (1966), pp.14-15, 17-21.

六、结语：作为历史现象的儿童视角

以近代形成的理念来解释近代儿童观的研究者都将裹卷襁褓与乳母养育的习俗与以体罚为中心的原罪说儿童观相提并论，将它们描述为近代市民社会新的育儿方法需要克服的中世纪儿童观遗留下的残渣。这种思维定势将传统社会的育儿习俗与近代社会的育儿习俗相对立，将前者作为应该被后者批判、克服的陋习来看待。为了将近代市民社会育儿的新方法推导为一种善的方法，使这样的善合理化、正当化，持近代理念的论说者，往往将传统育儿习俗描述为充斥着阴暗、痛苦、不卫生、低效率、不合理等弊端的陋习，并将这些陋习作为恶的典型加以批判。这是一种经常容易出现的近代理念持有者的话语体系。

但是，这种正负、善恶对立的历史认识往往仅是将结论拿出来对比的认识，并没有深入历史认识的深层。只是从当下的功利视角出发去评价各种事项复杂地缠绕在一起的历史性经验事实，将这类事实嵌入结论主导的概念框架内，不仅会错过发现在各种因果关系条件中的旧与新、变与不变间的非连续侧面的契机，也会错过发现其中的连续性侧面的契机。特别在容易突显儿童观史研究者价值的领域中，为了防止研究不至于陷入机会主义的解释，特别需要谨慎仔细的验证。为了防止将新与旧的对立简化为过度抽象化的概念，需要细致全面地理清两者间的变化过程，不断地发现伴随着历史变化增添新的意义的层积，只有这样才能更加深入地理解近代儿童观的历史。

第五章
清教徒家庭中的育儿意识

一、问题的设定

本章通过梳理16—17世纪前半期英国社会的实际状况，获得阐明近代儿童观社会史之基础的一条线索。按此思路，重点以被视为推进现代化的精神内质之所在的清教主义①为对象展开研究，以把握社会史脉络中的儿童意识之变化。

现代政治思想史、教育思想史研究主要是以“教义-学说”分析的方法来认识清教主义的，而教育政策制度史研究则采用“年代记录-权力意图”的分析方法。本章在引用上述研究成果的同时，将特别关注民众日常生活中较长时期里不断

---

① 英国“puritan”一词是出现在1564年之后，作为一种“蔑称”来称呼“那些过着严肃的生活，持有虔诚信仰的人”。[H. Parker, *A Discourse Concerning Puritans*, 1641, British Museum Library, E. 204 (3), p.54, [日] 渋谷浩《ピューリタニズムの革命思想》(御茶の水書房, 1978), 第4, 11页]清教主义，广义上一般指清教各派伴随其后分裂过程产生的诸项特质的整体，即通过贯彻“圣经至上”而经营“神圣共同体”并持有道德上极为严格的基督教禁欲伦理的一般信徒全体。M. Weber, “Konfusianismus und Puritanismus”,“儒教とピューリタニズム”大塚久雄・生松敬三訳《宗教社会学論選》(みすず書房, 1972), 日译本第187—188页。“Die protestantische Ethik und der ‘*Geist*’ des Kapitalismus”, (1904－1905), *Gesammelte Aufsätze zur Religionssoziologie*, Bd. Ⅰ (Tübingen, 1921), [日] 梶山,大塚訳《プロテスタンティズム倫理と資本主義精神（下）》(岩波文庫, 1962), 日译本第139页。A. S. P. Woodhouse, *Puritanism and Liberty* (1938), Introduction, p.37; [日] 大木英夫《ピューリタニズムの倫理思想》(新教出版, 1966), 第49—55, 99页。此书所用资料的著者多属长老派，分析对象不含浸礼教派、教友会派，仅限于初期长老派清教徒。

重复的营生行为以及支持这种营生行为的精神内质，通过由清教牧师著述、实际被使用的家政书、育儿书以及记录各自日常生活的反省与自我审查的日记等素材，阐明生活在那个时代的清教徒的育儿意识的特点，探究那个时代的教育方式是在怎样的社会背景下形成的。

关于清教的儿童观，迄今为止人们大多不加批判地接受清教儿童观（以体罚为中心的冷酷、严格的中世纪儿童观）的说法，较少追究这种“严格”背后的社会史背景及其带有本质性的变化。日本曾有梅根悟提出的问题①与假说图式的提示②，但其后从社会史观点验证其实际状况与证明所提出的假说的研究做得并不充分。另外，虽有小林政吉、宇佐美宽承袭以“教义-学说”等意识形态水平上分析的研究③、金子茂提出的对图式的重新评价与探究宗教改革的社会史意义之必要性的论说，但研究并未向纵深发展。④ 可以说，以清教为对象的教育史研究缺乏社会史的观点，没有充分考虑17世纪英国清教和美国清教的本质差异，17世纪英国清教作为被统治、被压迫者的宗教，发挥着打破传统束缚的作用，而美国清教自美国独立以来便作为统治阶层的宗教起着构筑和维护传统的作用。

但在近代资本主义发展史的研究中，诸多研究者认为，欧洲近代资本主义精神是与新教的禁欲伦理适当结合后产生的，并依据所谓的“禁欲（形成）说”⑤，从

---

① 梅根悟在谈论加尔文教派的教育意识时说道：“这里描绘的人的形象与中世纪的封建的人有明显的不同。这些人在不久以后的时代里作为产业资本家成了社会的支配性力量，是肩负着这样的命运的一群人，是表现出年轻的资本主义精神与动力的一群人。”（《世界教育史》1955年，1967年改訂版，新評論社，第190页）指出了与中世纪的人相区别的新教徒的形象。

② 多米尼克与阿鲁培路堤的《家政书》中提到的“中世纪原罪修炼主义儿童观”与“纯人性的近代儿童观”的相对图式（《西洋教育思想史》第一卷，誠文堂新光社，1968），第10，37—38页。

③ ［日］小林政吉《宗教改革の教育史的意義》（創文社，1966）。［日］宇佐美寛“教育におけるピューリタニズムと《左翼》プロテスタンティズム”（《世界教育史体系17　アメリカ教育史1》講談社，1975）所収。同《ブロンスン・オルコットの教育思想》（風間書房，1976）。

④ ［日］金子茂“伝統的子ども観から近代的子ども観へ”（日本教育学会第37回大会《シンポジウム提案要旨集》，1978年8月31日），第26—28页。

⑤ ［日］大塚久雄《宗教改革と近代社会》（みすず書房，1946、1964年四訂版），第95页以后。“資本主義精神起源論に関する二つの立場——ヴェーバーとブレンターノ”（1939）《大塚久雄著作集》（岩波書店）第八巻所収，第101页以后。

文化史视角[①]、宗教社会史视角[②]，或作为近代民主主义思想的基点来研究的政治思想史视角[③]的意义上来阐明近代资本主义的精神特质，以上这些研究已经积累了不少成果。

"禁欲说"最初设定了近代社会中新教学说的基本概念图，但由于过度强调了由"教义-学说"分析产生的新教的非人性的侧面，使对清教的印象停留在"严格"的先入为主的印象上，可以说与清教的生活意识（心态）的实际状态并不相符。即使是英国本土的研究，也以这样的清教形象作为前提，A. F. 利奇（A. F. Leach）、F. 沃森（F. Watson）、W. A. L. 文森特（W. A. L. Vincent）、S. J. 柯蒂斯（S. J. Curtis）、J. 西蒙（J. Simon）等人的时代史研究[④]仅停留在教义特色的片段解读上；在问题史研究上，I. 帕克（I. Parker）、H. 麦克拉克伦（H. McLachlan）、C. B. A. 弗里曼（C. B. A. Freeman）、M. G. 琼斯（M. G. Jones）、R. L. 格里夫斯（R. L. Greaves）、H. 卡尼（H. Kearney）等人的研究[⑤]也仅停留

---

① E. Troeltsch, *Die Bedeutung des Protestantismus für die Entstehung der modernen Welt* (1906, 1911), ［日］西村貞二訳《近代世界とプロテスタンティズム》(創元社, 1950)。 *Die Soziallehren der christlichen Kirchen und Gruppen*, (English edition) *The Social Teaching of the Christian Churches* (1931); *Das Verhältnis des Protestantismus zur Kurtur* (1913), "プロテスタンティズムと文化の関係" 内田芳明訳《ルネッサンスと宗教改革》(岩波文庫, 1959)。

② M. Weber, *Gesammelte Aufsätze zur Religionssoziologie*, Bd. I (Tübingen, 1921).

③ G. Jellineck, *Die Erklärung der Mensche — und Bürgerrechte — Ein Beitrag zur modernen Verfassungsgeschichte* (1895), ［日］美濃部達吉訳《人権宣言論外三篇》(日本評論社, 1929)。A. D. Lindsey, *The Essentials of Democracy* (Oxford, 1929), ［日］永岡薫訳《民主主義の本質——イギリス・デモクラシーとピュウリタニズム》(未来社, 1964)。

④ A. F. Leach, *English Schools at the Reformation*, 1546 - 1548 (1896, 1968 rep.); A. F. Leach, *Schools of Medieval England* (1915); F. Watson, *The English Grammar Schools to 1660 — Their Curriculum and Practice* (1908, 1968 rep.); F. Watson, *The Beginnings of the Teaching of Modern Subjects in England* (1909); F. Watson, *The Old Grammar Schools* (1916); W. A. L. Vincent, *The State and School Education 1640 - 1660 in England and Wales* (1950); W. A. L. Vincent, *The Grammar Schools, their continuing tradition 1660 - 1714* (1969); S. J. Curtis, *History of Education in Great Britain* (1953); J. Simon, *Education and Society in Tudor England* (1966); J. Simon, *The Social Origins of English Education* (1970).

⑤ I. Parker, *Dissenting Academies in England* (1914); H. Mclachlan, *English Education under the Test Act, being the history of the Nonconformist Academies* (1931); C. B. A. Freeman, "Puritan Educator — Hezekiah Woodward and His Childe Patrimony", *British Journal of Educational Studies*, Vol. IX (1960 - 1961); M. G. Jones, *The Charity School Movement* (1964); R. L. Greaves, *The Puritan Revolution and Educational Thought Background for Reform* (1969); H. Kearney, *Scholars and Gentleman* (1970).

在记述清教运动变迁、相关政策分析等方面。另外，W. H. G. 阿米蒂奇（W. H. G. Armytage）、J. 劳森（J. Lawson）、H. 西尔弗（H. Silver）等人的社会史研究[①]也没有在育儿意识领域解读清教徒的心态。

相较于上述研究，20 世纪 30 年代以后以美国佩里·米勒（Perry Miller）的多项研究[②]为起点，引发了被称为“清教研究文艺复兴”[③]的威廉·哈勒（William Haller）、E. S. 摩根（E. S. Morgan）、A. 辛普森（A. Simpson）等人的一系列研究，[④]其视线开始关注清教徒的人性面。另外，英国的希尔、斯通等的一系列研究[⑤]积极援引经济史、家族史、人口史、女性史、宗教史、日记、传记分析等各邻近领域的研究成果及旁证事实，探究了清教的恋爱婚姻观、家庭伦理观中亲子关系的意识，从而尝试了对其心态的解读和社会史意义的探究。另外，与这样的社会史研究并行，虽然因过度的心理决定论的解释而受到各方批判和议论，以劳埃德·德莫斯（Lioyd de Mause）为代表的运用历史心理学方

---

① W. H. G. Armytage, *Four Hundred Years of English Education* (1964, 1970 2nd edn.); John Lawson and H. Silver, *A Social History of Education in England* (1973).

② Perry Miller, *The Puritans* (1938); Perry Miller, *Orthodoxy in Massachussets* (1939); Perry Miller, *The New England Mind* (1953); Perry Miller, *The American Puritans* (1956); Perry Miller, *The Life and the Mind in America: From the Revolution to the Civil War* (1965).

③ 有关美国的清教研究的梗概见：［日］大下尚一“ピューリタニズムの形成と伝統”大下編《ピューリタニズムとアメリカ》(南雲堂, 1969)，第 14—29 页。

④ William Haller, *Tracts on Liberty in the Puritan Revolution, 1638 - 1647* (1934); William Haller, *The Rise of Puritanism* (1938); William Haller, "The Puritan Art of Love", in *Huntington Library Quarterly*, V (1941 - 1942); William Haller, *Liberty and Reformation in the Puritan Revolution* (1955); E. S. Morgan, *The Puritan Family* (1944, 1966 rev.edn.); A. Simpson, *Puritanism in Old and New England* (1955); ［日］大下，秋山訳《英米におけるピューリタンの伝統》(未来社, 1966)。

⑤ ［日］クリストファー・ヒル“イギリス革命の諸問題”《思想》(1962 年 6 月号)。C. Hill, *Society and Puritanism in Pre-Revolution England* (1964); C. Hill, *Intellectual Origins of the English Revolution* (1965)，［日］福田良子訳《イギリス革命の思想的先駆者たち》(岩波書店, 1972)；C. Hill, *Reformation to Industrial Revolution: A Social and Economic History of Britain 1530 - 1780* (1967)，［日］浜林正夫訳《宗教改革から産業革命へ》(未来社, 1970)。C. Hill, *Change and Continuity in Seventeenth-century England* (1974), *Milton and the English Revolution* (1977), *Some Intellectual Consequences of the English Revolution* (1980); L. Stone, "*Marriage among the English Nobility in the 16th and 17th Centuries*" (1961); L. Stone, *The Crisis of the Aristocracy, 1558 - 1641* (1965); L. Stone, "*The Rise of the Nuclear Family in early modern England*" (1975); L. Stone, *The Family, Sex and Marriage in England, 1500 - 1800* (1977); ［日］北本正章訳《家族・性・結婚の社会史——1500—1800 年のイギリス》(勁草書房, 1991)。

法的亲子关系心理学史研究，[①]展示了儿童观社会史研究的独特方向（参照本书第一章）。

二、英国近代家庭史中的清教徒家庭

16 世纪中期至 17 世纪的英国迎来了所谓由中世纪向近代的“转型期”。[②] 一般认为，中世纪社会中亚里士多德所说的“整体优先于个体”的社会结构原理，在托马斯·阿奎那（Thomas Aquinas）的神学体系中得到合理化。[③] 中世纪社会是一种每个人被生理性地固定在共同体内，在德性（virtus）论说的框架内被伦理性排序的“中世纪基督教文化体系”（Corpus Christianum）[④]社会，而进入“转型期”后，人开始“个人化”“契约化”。也就是说，社会出现了从静态的“秩序、身份社会”向动态的“自由、契约社会”的转型；从阿奎那的“自然法”向洛克的“自然权”的转型；从“国家教会的强制文化”（die staatlichkirchliche Zwangskultur）向“近代的无教会束缚的个人主义文化”（die modernekirchefreie individuelle Kurture）的转型。[⑤] 在这样的转型中，个人也由教会与国家的坚固磐石上雕刻出的“浮雕性的人”转变为“立体的人”，[⑥]显现了“个人的析出”。[⑦]

---

① Lioyd de Mause (ed.), *The History of Childhood*（1974）.

② 有关将这一时期看作为“转型期”的资料可参考以下文献。R. H. Tawney, *Religion and the Rise of Capitalism*（1926，1938 Pelican Books），pp.17 - 74，［日］出口，越智訳《宗教と資本主義の興隆》（岩波文庫，1956—1959）（上），日译本第 26—113 页。［日］大木英夫《ピューリタニズムの倫理思想》（新教出版，1966），第 13—46 页。

③ F. Borkenau, *Der Übergang vom feudalen zum bürgerlichen Weltbild*, *Studien zur Geschichte der Philosophie der Manufakturperiode*（1934），［日］水田洋他訳《封建的世界像から市民的世界像へ》（みすず書房，1959，1965 合刷版），日译本第 57—59 页。

④ E. Troeltsch, *Die Bedeutung des Protestantismus für die Entstehung der modernen Welt*（1906，rev.1911），［日］西村貞二訳《近代世界とプロテスタンティズム》（創元社，1950），日译本第 59—60 页。

⑤ 同上，日译本第 10 页以后。

⑥ ［日］大木英夫《ピューリタン——近代化の精神構造》（中公新書，1968），第 17 页。

⑦ ［日］丸山真男《日本の思想》（岩波新書，1961），第 46，154 页以后。

以社会史的视角来观察上述转型时期的社会观及对人的认识的变化，可以发现，这样的转变与家庭结构的变化不无关系。依据斯通的大胆假说，①至少在上层阶级中，首先，在1450—1630年，“开放的血统家庭”(open lineage family)的形态已经在贵族、乡绅阶层出现。在这样的形态中，血统与亲族强有力的联系，通过限嗣继承制、长子继承制、陪嫁金制等制度，从外部控制了家庭生活，因而相较个人的需求，此类家庭更重视血缘集体的需求。接着，1550—1700年，“限定父权制核心家庭”(restricted patriarchal nuclear family)的形态在乡绅阶层以及地方城市的市民阶层出现。这种家庭形态产生的主要原因是血缘纽带的衰退、专制主义国家的出现以及新教主义的传播。因此，核心家庭所发挥的儿童社会化与成人人格的确立这两种作用，②使得这样的核心家庭得到强化，家庭内的感情纽带开始产生，而作为缩小了的家庭的支柱，新教主义伦理的父权制再次得到强化。之后，1620—1800年，“封闭的家庭内核心家庭”(closed domesticated nuclear family)的形态在城市商人、专业职业阶层中出现。这种家庭形态产生的原因在于，人口迁移率的上升与人口向城市集中③导致共同体内部血缘纽带的进一步衰退。在这样的演进中，父权开始弱化，平等与自由开始发展，血缘亲属与共同体开始隔离，夫妇与亲子之间的感情纽带进一步加深，性与死亡的日常性开始远离儿童，人们开始关注儿童的存在及其稳定的价值意义。

---

① L. Stone, *The Family, Sex and Marriage in England, 1500 - 1800* (1977), pp. 85 - 86, 123 - 124, 221 - 222, 651ff, [日] 北本正章訳《家族・性・結婚の社会史——1500—1800年のイギリス》(勁草書房, 1991), 日译本第65页以后, 97页以后, 175页以后, 556页以后。另外，斯通在别的论文中作了以下的3个分类。“1. The Kin-Oriented Family of the Middle Ages, 2. The More Nuclear Family of the Sixteenth-Century, 3. The Compassionate Nuclear Family of the Eighteenth-Century”, in “The Rise of the Nuclear Family”, C. E. Rosenberg (ed.), *The Family in History* (1975), p.14.

② T. Parsons and R. F. Bales, *Family, Socialization and Interaction Process* (1955), pp.116 - 117, [日] 橋爪貞雄他訳《家族——核家族と子どもの社会化》(黎明書房, 1970), 日译本第35页。

③ E. E. Rich, “The Population of Elizabethan England”, *Economic History Review*, 2 nd ser., Ⅱ (1949), p.259; L. A. Bukatzsh, “The Constancy of Local Populations and Migration in England before 1800”, *Population Studies*, Ⅴ (1951); L. Stone, “Social Mobility in England”, *Past and Present*, No.33 (1966), pp. 29 - 30; J. Cornwall, “Evidence of Population Mobility in the Seventeenth-Century”, *Bulletin of the Institute of Historical Research*, XL (1967); E. A. Wrigley, “London's Importance, 1650 - 1750”, *Past and Present*, No.37(1967), p.46.

下面将从宗教改革史的视角出发，进一步讨论上述第二个家庭形态出现的社会背景。清教徒不满伊丽莎白一世（Elizabeth Tudor）不彻底的国教政策，1580 年后展开了被称为“长老会运动”（Presbyterian Movement＝Classis Movement）的宗教宣传运动。[①] 这一过程中，出现了由初期的“知识分子、大学人的宗教”[②]向“大众的宗教”，即由“教会型”（Kirchen-typus）向“宗派型”（Sekten-typus）的转型，其组织原理也发生了很大变化。[③] 同时，包含由“专家宗教意识”（Virtuosenreligiosität）向“大众宗教意识”（Massenreligiosität）[④]的转变，清教实现了“本土化”。[⑤] 肩负这种“本土化”任务的人群是，促使“共同体内部分工”的独立自营农民（yeoman）、乡绅，以及超过城市中间阶层半数的手工业专职人员和小商人。[⑥]

取代中世纪的“默从的信仰”，清教徒开始拥有内在明确的意识，在“教义认识性信仰”（explicit faith）的基础上，“仅信仰圣经”（sola scriptula）（圣经主义），[⑦]因此

---

① ［日］大木英夫《ピューリタニズムの倫理思想》，第 56—64 页。

② ［日］大木英夫《ピューリタン》，第 42—43 页。

③ E. Troeltsch，*Die Soziallehren*，English edn.，*The Social Teaching*，p.331；M. Weber，“Die protestantische Ethik und der Geist des Kapitalismus”（1904 - 1905），*Gesammelte Aufsätze zur Religionssoziologie*，Bd. Ⅰ（Tübingen，1921），［日］梶山力，大塚久雄訳《プロテスタンティズムの倫理と資本主義の精神（下）》（岩波文庫，1962），日译本第 139 页。

④ M. Weber，“Konfusianismus und Puritanismus”，“儒教とピューリタニズム”大塚久雄，生松敬三訳《宗教社会学論選》（みすず書房，1972）所収，日译本第 187 页以后。

⑤ ［日］大木英夫《ピューリタニズムの倫理思想》，第 61—62 页。《ピューリタン》，第 53 页以后。

⑥ 有关共同体崩毁过程与“共同体内分工”的发展、城市的发展、中间层的形成等之间的关系参照以下文献：［日］大塚久雄“共同体の基礎理論”（1955）《大塚久雄著作集》第七卷（岩波書店，1969）所収，第 102—103 页。“共同体解体の基礎的条件——その理論的考察”（1962）同著作集，第 107—133 页。“共同体内分業の存在形態とその展開の諸様相——共同体解体の歴史的条件の解明という視角から”（1961）同著作集，第 134—165 页。有关“共同体内分工”的社会阶层分布参考以下文献：C. Hill，*Reformation to Industrial Revolution: A Social and Economic History of Britain 1530 - 1780*（1967），p.55，［日］浜林正夫訳《宗教改革から産業革命へ》（未来社，1970），日译本第 64—65 页。G. M. Trevelyan，*English Social History*（1942，1967 Pelican Books），pp.138 - 139，246ff；［日］大塚久雄“生産力における東洋と西洋——封建農民の特質”（1946）《大塚久雄著作集》第七卷所収，第 254 页。

⑦ ［日］大木英夫“ミルトンにおけるピューリタニズムと近代化”平井正穂編《ミルトンとその時代》（研究社，1974）所収，第 84—85，88—89 页。

推进了“世界的祛魅”[①]，在“预定说”的引导下，努力实现神的“召唤”（Beruf, Calling），进而将家庭喻为“小的教会”“小的共和国”，[②]在家庭内做礼拜，[③]以获得“确凿的救赎”（certitudo salutis），[④]将日常生活作为清教伦理实践的场所（世俗性禁欲伦理，innerweltliche Askese）。这样做的结果赋予了恋爱与结婚伦理性的价值，家庭生活被“神圣化”（Hailigung）。[⑤] 16 世纪末至 17 世纪

---

① “禁欲的新教主义极其强烈的特征之一可以说是对咒术的彻底否定。即使是在圣礼典、信条等被升华的形式和原则上，也彻底排除咒术，因此，严格的清教徒从根本上排除所有的‘迷信’，连所爱的人的遗骸也不以任何形式来埋葬。只有这样的清教徒才从还在现世（世俗生活）中留下的咒术中彻底地解放出来（gänzliche Entzauberung der Welt）”（着重号为原著者所加）。M. Weber, “Konfusianismus und Puritanismus”,（“儒教とピューリタニズム”）大塚久雄，生松敬三訳《宗教社会学論選》（みすず書房，1972），日译本第 167—168 页。“Die protestantische Ethik und der Geist des Kapitalismus”（1904－1905），*Gesammelte Aufsätze zur Religionssoziologie*, Bd.Ⅰ（Tübingen, 1921），［日］梶山力，大塚久雄訳《プロテスタンティズムの倫理と資本主義の精神（下）》（岩波文庫，1962），日译本第 167 页。

② ［日］クリストファー・ヒル《イギリス革命の諸問題》，第 58 页。出现“英国人的住宅就是他的城堡”（Englishman's House is His Castle）这样的谚语与“本土化”的时期是一致的。这一时期是使用砖瓦等新建材的建筑热潮时期，同时也是在生活的各个侧面重视个人隐私的建筑样式流行的时期。W. Goodsell, *A History of the Family as a Social and Educational Institution*（1923），pp.324－325；C. Hill, *Reformation to Industrial Revolution: A Social and Economic History of Britain 1530－1780*（1967），*pp.85*，*206*，［日］浜林正夫訳《宗教改革から産業革命へ》（未来社，1970），日译本第 100，241 页。L. Stone, *The Crisis of the Aristocracy*, *1558－1641*（Abridged edn., 1967），pp.249ff.；L. Stone, *The Family*, *Sex and Marriage in England*, *1500－1800*（1977），pp.253ff.，［日］北本正章訳《家族・性・結婚の社会史——1500—1800 年のイギリス》（勁草書房，1991），日译本第 205—208，320 页。

③ 家庭内礼拜的普及是以包括女性在内的成人识字能力为前提的，由于当时的印刷技术与造纸业的发展，《圣经》的出版数量在 17 世纪 10 年代与 17 世纪 30—40 年代间，每年出版数远超 50 版，从这样的情况看，可以估计与以前相比，这一时期有相当高的识字能力。比如，1754 年，女性有三分之一、男性有二分之一的人能写自己的名字，而 17 世纪很明显有着比此更高的识字能力。而家政书等被广泛阅读的印刷物也可以考虑是由于上述的原因而形成的。T. H. Darlow, et al., *Historical Catalogue of the English Bible*, *1525－1967*（1968）；R. S. Schofield, “Illiteracy in Pre-Industrial England”, *Umea University Educational Reports*, No.3（1973），p.17；H. S. Bennett, *English Books and Readers*, *1558－1604*（London, 1965），pp.147－148；L. Stone, *The Family*, *Sex and Marriage in England*, *1500－1800*（1977），pp.140－141；David Cressy, *Literacy and the Social Order — Reading and Writing in Tudor and Stuart England*（Cambridge, 1980），pp.19－41.

④ M. Weber, “Konfusianismus und Puritanismus”,（“儒教とピューリタニズム”）大塚久雄，生松敬三訳《宗教社会学論選》（みすず書房，1972），日译本第 53 页。

⑤ M. Weber, “Konfusianismus und Puritanismus”,（“儒教とピューリタニズム”）大塚久雄，生松敬三訳《宗教社会学論選》（みすず書房，1972），日译本第 191 页。C. Hill, *Society and Puritanism in Pre-Revolutionary England*（1964），pp.443ff.；L. Stone, *The Family*, *Sex and Marriage in England*, *1500－1800*（1977），pp.135－138，144，202，［日］北本正章訳《家族・性・結婚の社会史——1500—1800 年のイギリス》（勁草書房，1991），日译本第 180—181，198—200，215 页。

前半期出版的婚姻生活指导书、家政书中对两性平等性契约的认可以及理性爱情的重视，就是这样社会背景的反映。[①] 这种清教主义的"本土化"接受了恋爱—结婚—生育—家庭—教育整个过程的爱情的、现实的社会人类性课题[②]的连锁，从而将从中世纪骑士精神表现中见到的带有游戏性质的"宫廷恋爱"(amour courtois)纯化为作为诚实的社会生活的规范的"市民恋爱"(amour bourgeois)。[③]

同时，由于强调依据契约的新的结婚观以及理性的爱情，男性家长的权威再次得到强调。作为"家庭＝小的教会＝小的共和国"的道德性支柱，父权被再次强化。这种强化而后被吸收为专制主义国家的指导性原理。专制主义国家体制形成原理的典型表现是罗伯特・菲尔默(Robert Filmer)的《"父权制"及其他著作》中阐述的近代国家论，据此学说，对"男性家长＝国王"的绝对服从义务成为"王权神授说"的补充在社会与家庭中被强调。"通过英国宗教改革获益的是国民国家与男性家长"[④]，这种解释，只有通过上述对家庭结构的多层次变动以及与此相伴的意识变化的讨论，才能获得说服力。

---

① 关于显示这一时期的结婚观的家庭伦理与个人主义的契约意识的倾向，可参照以下文献。W. Gouge, *Of Domesticall Duties, Eight Treatises. Whereunto are added Patterns of Players for the Severall members of a Family, gathered out of the severall Treatises of Domesticall Duties* (1622, British Museum Library, 4401. p.26), pp.197, 311; Thomas Gataker, *A Good Wife, Gods Gift* (1623); W. Whatley, *A Bride — Bush: Or, A Direction for Married Persons* (1619), pp.37 - 40, 42."结婚与宣誓契约相同……(略)……结婚，其理由不在于强制性的同居与没有情感认同的义务履行，而是以诚实的爱与平安为理由的契约。"John Milton, *The Doctrine and Discipline of Divorce: Restored to the Good of both Sexes* (1643), [日] 原田純訳《離婚論》(《イギリス革命の理念——ミルトン論文集》, 小学館, 1976), 日译本第 20, 40 页。W. Haller, "The Puritan Art of Love", pp.235 - 236; L. L. Schücking, *The Puritan Family* (1966 rep.), pp.40 - 50; E. S. Morgan, *The Puritan Family* (1944), pp.47, 50, 52, 64; J. Halkett, *Milton and the Idea of Matrimony*, pp.3 - 30.

② [日] 戒能通孝"都市の家族制度"(1947)《戒能通孝著作集》(日本評論社, 1977) 第Ⅳ卷所収, 第 234—234 页。同"家族と愛情"(1955) 同著作集, 第 196 页。[日] 原田純"試論・ミルトンとイギリス革命"《イギリス革命の理念》所収, 第 385—397 页。

③ W. Haller, *Hail Wedded Love* (1949), Reprinted in A. Rudrum (ed.), *Milton* (1968), p.311; "The Puritan Art of Love", pp.235 - 272.

④ P. Collinson (ed.), "Letters of Thomas Wood, Puritan 1565 - 1577", Special Supplement to *Bul. of the Inst. for Historical Research* (1960).

三、清教徒家庭中育儿的实际状态及其意义

1550—1700 年，西欧处于寒冷期，农业灾荒与流行病蔓延导致人口增长停滞。[①] 婴儿死亡率极高，英国资产阶级革命时期，王朝复辟（1660 年）后，估计出生后 2 年以内婴儿的死亡率高达 40%—50%。[②] 当时测算的儿童预定寿命为 17.5 岁。[③] 从平均出生人数为 12—15 人的状况来看，可以认为那个时期是以儿童人口膨胀极快的多产多死型人口循环为主导的。[④] 正如本书第三章、第四章中所述，婴幼儿死亡率极高的主要原因，一是中产阶级以上阶层的儿童依然处于相当恶劣的乳母养育的传统养育方式下，二是包括社会下层婴儿在内，盛行裹卷襁褓的习俗与营养状态恶劣。当然，也与产科、儿科等医学的不发达相关。作为当时的标准书籍流行吉耶莫、吕夫等的儿科医学书中也充斥着非科学的迷信知识。[⑤]

从出版史来看，这一时期清教徒所著的育儿书、家政书、婚姻生活指导书多

---

① C. Hill, *Reformation to Industrial Revolution: A Social and Economic History of Britain 1530－1780*(1967), pp.44－45, 254ff.,［日］浜林正夫訳《宗教改革から産業革命へ》（未来社，1970），日译本第 52 页，297 页以后。E. A. Wrigley, *Population and History*（1969），［日］速水融訳《人口と歴史》（平凡社，1971），日译本第 156 页。E. L. R. Ladurie, *Le territoire de l'historien*（1973－1978），［日］樺山紘一他訳《新しい歴史学》（新評論，1980），日译本第 82—92 页。

② E. L. Lipton, et al., "Swaddling, A Child Care Practice: Historical, Cultural and Experimental Observations," *Pediatrics*, Vol.35, No.3, Part Ⅱ(1965), p.529.

③ C. Hill, *Reformation to Industrial Revolution: A Social and Economic History of Britain 1530－1780*(1967), p.46,［日］浜林正夫訳《宗教改革から産業革命へ》（未来社，1970），日译本第 56 页。Ivy Pinchbeck and M. Hewitt, *Children in English Society*, Vol.1(1965), p.5; R. L. Mitchell and M. D. R. Leys, *A History of London Life*（1958），［日］松村赳訳《ロンドン庶民生活史》（みすず書房，1971），日译本第 57 页。

④ M. Harrison, *Children in History*, *16th and 17th Centuries*（1960），pp.57－58; W. Goodsell, *A History of the Family as a Social and Educational Institution*（1923），p.332; E. A. Wrigley, "Mortality in Pre-Industrial England", *Daedalus*, No.97(1968), p.570; J. E. Illick, "Child-Rearing in Seventeenth-Century England and America", in Lioyd de Mause（ed.），*The History of Childhood*（1974），p.305.

⑤ J. Guillimeau, *Child-Birth*, *or The Happy Deliverie of Women*（London, 1612, British Museum Library, 1177. d. 40），pp.9ff.; J. Rueff, *The Expert*, *or An Excellent and Most Necessary Treatise of the Generation and Birth of Man*（London, 1637, British Museum Library, c.11－2.c.1），pp.65a－66a.

次重印。[①] 下面将以几种这类图书以及某位清教牧师的详细日记[②]等为素材，考察清教徒育儿意识的特色。

清教徒丈夫知道妻子怀孕后，怀着喜悦和期待等待着孩子的安全出生。以留下详细日记而闻名的清教牧师乔塞林在其日记中留下了孩子"胜于金子与宝石"(above gold and jewels)的名言。[①] 一般认为，清教徒对婴儿的出生怀有所谓"原罪"的意识，但事实上这并不是中世纪原罪说的连续，其间存在着质性断裂的非连续性关系。也就是说，清教中的原罪意识，通过宗教改革时期的"召唤"与"预定说"的禁欲伦理，赋予了中世纪的原罪观念以救赎史观的性质。清教徒没有赋予中世纪教会的祭祀以权威主义-形式主义的戒律，而是在核心家庭化的家庭内部举行礼拜，通过将《圣经》与个人内在精神结合的方式，使得强化的伦理基准日常化。通过宗教改革，中世纪的原罪说因救赎史观带来的强迫观念而改变了其姿态，进一步强化了其心理上的意义。

例如，生产时的阵痛之苦通过原罪说得到合理解释。当时的婚姻生活指导书中引用了"致提摩太的第一封信"(Letters to Timothy)，[②]提倡"阵痛之苦是神给予的，因而作为基督之徒的吾妻，定要喜悦而承受之"，[③]"吾人在不净不洁中

---

① L. B. Wright, *Middle-Class Culture in Elizabethan England* (1935), pp.221ff.; C. Hill, *Society and Puritanism in Pre-Revolutionary England* (1964), pp. 449ff.; L. Stone, *The Family, Sex and Marriage in England, 1500－1800* (1977, 1979), p.134, [日] 北本正章訳《家族・性・結婚の社会史——1500—1800年のイギリス》(勁草書房, 1991), 日译本第114, 182—186, 191页。

② Ralph Josselin, *The Diary of the Rev. Ralph Josselin, 1616－1683*, ed. by E. Hockliffe (*Royal Historical Society*, Cam. Soc. 3rd ser., No.15, 1908); A. Macfarlane, *The Family Life of Ralph Josselin* (1970).对于清教徒来说，《日记》是"宛如关于自身内部生活的时间性动作研究"[D. Riesman, Riesman, *The Lonely Crowd* (1960), [日] 加藤秀俊訳《孤独な群衆》(みすず書房, 1964), 日译本第36页]不仅是出纳的账本、记忆的账本，更是神恩惠的记录，精神的"法庭"。A. Macfarlane, *The Family Life of Ralph Josselin* (1970), pp.5－8; E. S. Morgan, *The Puritan Family* (1944), p.5; A. Simpson, *Puritanism in Old and New England* (1955), [日] 大下，秋山訳《英米におけるピューリタンの伝統》(未来社, 1966), 日译本第14页。L. Stone, *The Family, Sex and Marriage in England, 1500－1800* (1977), pp.13ff., 102, [日] 北本正章訳《家族・性・結婚の社会史——1500—1800年のイギリス》(勁草書房, 1991), 日译本第7—8, 114, 183—185, 216页。

① A. Macfarlane, *The Family Life of Ralph Josselin* (1970), pp.81－82.

② "亚当未被所惑，但女人已被所惑，犯了错误。但女人若十分谨慎，保持信仰、爱与清洁，则通过生育可以救赎"(据日本圣经协会的译文译)。

③ H. Bullinger, *The Christian State of Matrimony*, trans. by Coverdale, M. (London, 1541).

孕育，带着原罪与心劳(sin and care)出生，通过痛苦与阵痛而培育。……这必是原罪之象征与实像”。[①] 通过这样的方式，清教牧师与其妻子共同承受生产之苦，用祈祷来缓解这样的痛苦。例如，他们祈祷——“哦，主！……主给吾二人以无尽的慈悲，让孩子的出生以痛苦而充实。……愿吾人在此巨大痛苦中，振奋灵魂，唯有主会给予安全出生的正常秩序”，[②]并用以下的话倡导丈夫积极协助的必要性——“为缓和其痛苦尽力帮助，以最为温和的爱的语言宽慰她。”[③] 事实上，乔塞林在其第三个孩子诞生的前夜，感知到妻子内心的不安与对阵痛的恐惧，祈祷“不要让恐惧造成精神力量的丢失，让生产失败”，在妻子43岁迎来最后的一次生产时，他在日记中也写道：“在无情的阵痛之后，在诸多悲哀的痛苦与恐惧之后，托神的慈悲之福，吾之爱妻生下了第十个孩子。”[④]

洗礼(baptism)，在基督教文化圈中对于刚出生的孩子来说，有着重要的成长节点固定仪式(rite of passage)的意义。新教只承认天主教“七圣礼”(sacrament)中的“圣餐”与“洗礼”两项，新教将“安产感谢礼”(churching)那样拘泥形式的仪式看作天主教的遗留物，[⑤]并没有规定洗礼的时间和场所。[⑥] 乔塞林让所有的孩子都接受洗礼，在第一个孩子受礼的时候写道：“神让婴儿从堕落中净化、圣化，赐予他成为神圣之物”(God wash it corruption and sanctify it and make it his owne)。[⑦] 这句话集中体现了通过洗礼清洁污秽，重生为基督附身的纯洁之存在的意义。洗礼中包含着父母期望自己的孩子成为像幼子耶稣那样一个“完全的孩子”，正因为其纯洁的存在，所以必须严守戒律以防堕落。孩子

---

① P. Boaistuau, *The Theatre of Rule of the World* (London, 1574), pp.50 - 51.

② S. Hieron, *A Help unto Deuotion: Containing Certain Moulds or Forms of Prayer* (London, 1611), pp.282 - 284.

③ T. Becon, *The Boke of Matrimonye* (London, 1564), fol. xcixv. v. (L. C. AC 334554); W. Gouge, *Of Domesticall Duties, Eight Treatises. Whereunto are added Patterns of Players for the Severall members of a Family, gathered out of the severall Treatises of Domesticall Duties* (1622), pp.282 - 824.

④ Alan Macfarlane, *The Family Life of Ralph Josselin* (1970), pp.84 - 85.

⑤ 同上，p.88.

⑥ 关于洗礼的时间，可以是出生后两天后、四天后、七天后、八天后、十天后、两周后、两周半后、一个月后、一年后的生日、三岁的生日等不定日期。A. Macfarlane, *The Family Life of Ralph Josselin* (1970), pp.88 - 89.

⑦ A. Macfarlane, *The Family Life of Ralph Josselin* (1970), p.88.

是一种被要求接近耶稣、实现道德完成的存在，这种认识中隐藏着承认儿童可以被陶冶的逻辑。[①] 清教徒对幼儿期的孩子进行十分严密的道德管教，正是这种"召唤"与"救赎"的意识对下一代的价值投射。在那个时期，圣母玛利亚抱着幼子耶稣的风俗画挂在室内的情景十分普遍，反映了这种心态在日常生活中普及开来的状况。

婴幼儿出生后 4—6 个月，久一点或是 8—10 个月，是裹卷在襁褓中的，即头部露出，手脚与身体一起被细长的布条一圈圈裹卷起来，紧紧地束缚住。这种紧束尿布习俗的起源可以一直追溯到古罗马时代，而在考察"转型期"儿童观之变化上，这种习俗的变化隐含着重要的信息。

裹卷襁褓残存的理由，正如第四章所阐述的，医学上是为防止婴儿手脚的扭曲和骨折，或是为预防感染病；心理上是为缓和对婴儿自己撕耳朵、挖伤眼睛的担忧；其他理由有，像行李一样紧缚住，可以让孩子长时间按着成人的意志安静下来，便于成人专心工作。当然，将婴儿裹卷后，婴儿像一块身体无法活动的肉块，被当作行李一样任意放置，多次排泄后，长时间与污物粘在一起。[②] 这种生理上的不快给予心理带来什么影响不甚明确，但"所有的裹卷襁褓共同的特征是对运动神经的束缚"，对心脏以及其他内脏器官的自然发展是一种明显的阻碍，"几乎不允许任何运动"。很明显，造成婴幼儿死亡率高的一个很大的原因在于这样的育儿习俗。[③]

关于裹卷襁褓的习俗何时、因何理由被废除，由于废除的年龄和地区偏差很大，迄今为止情况尚不十分明确。英国似乎在西欧各国中较早缩短了裹卷襁褓的时间，并从 17 世纪开始废除这一习俗。斯通认为，经过洛克对裹卷襁褓的批

① ［日］森田伸子"近代的子ども観の形成と《エミール》"《教育学研究》第 45 卷第 4 号（1978），第 287 页，森田伸子《子どもの時代》（新曜社，1986）所收。

② L. Stone, *The Family, Sex and Marriage in England, 1500 - 1800* (1977), pp.81, 162, 424, ［日］北本正章訳《家族・性・結婚の社会史——1500—1800 年のイギリス》（勁草書房，1991），日译本第 57，61—62，128—129，351—354 页。E. L. Lipton, et al., "Swaddling, A Child Care Practice: Historical, Cultural and Experimental Observations", *Pediatrics*, Vol. 35, No. 3, Part Ⅱ (1965), pp.521ff.; P. Cunnington and C. Lucas, *Costumes for Births, Marriages and Deaths* (1972), p.31; M. J. Tucker, "The Child as Beginning and End: 15th and 16th Century English Childhood", in Lioyd de Mause (ed.), *The History of Childhood* (1974), pp.241ff.

③ E. L. Lipton, et al., "Swaddling, A Child Care Practice: Historical, Cultural and Experimental Observations", *Pediatrics*, Vol.35, No.3, Part Ⅱ (1965), p.522.

判，18 世纪英国完全废除了这一习俗。[①] 但对于为何时间被缩短，以何种理由被废除，则没有详细的说明。

关于废除的理由，我们可以从当时英国的布料因价格便宜而得到普及，清教主义对传统乳母养育的批判，以及母乳喂养的普及等情况中找到。

16 世纪初期后，先于世界各国出现的英国纤维产业的发展，实现了毛、麻织物的大量生产，[②]在出现育儿书、家政书热潮的 17 世纪前半期，中产阶级可以购买到便宜且可以重复洗涤的布料。清洁内衣的穿着逐渐形成习惯，人们开始缝制婴幼儿用的衬衣、外衣等。有记载指出，“英国在 17 世纪逐渐废除了裹卷襁褓的习惯，开始让婴儿穿上小衬衣或有刺绣的外套”[③]，在 17 世纪后半叶出生的乔塞林家的第十个孩子莱贝克，从出生后第七周就解除了裹卷襁褓，开始穿上了小孩的内衣。[④] 儿童的内衣变化后，育儿的方法也变化了。由于经济发展，生活得到改善，孩子不再需要委托乳母养育，母亲开始有时间来养育自己的孩子，核心家庭的情爱的心理朝着“孩子是一种不可替代的存在”的方向发展。母乳喂养，提高了母子情爱的感性。废除裹卷襁褓与母乳喂养的实践有着密切的相互作用关系。仅就这一点上看，不能认为从旧传统裹卷襁褓习俗中解放儿童身体的清教徒育儿意识，与中世纪原罪说的儿童观是连续的。

当时，婴幼儿的乳母养育，越是上层阶级越是普遍。[⑤] 清教徒的育儿指导家

---

① L. Stone, *The Family, Sex and Marriage in England, 1500－1800*（1977）, p.424,［日］北本正章訳《家族・性・結婚の社会史——1500—1800 年のイギリス》（勁草書房，1991），日译本第 351—352 页。John Locke, *Some Thoughts Concerning Education*（1693），［日］服部知文訳《教育に関する考察》（岩波文庫，1967），日译本第 24—26 页。关于裹卷襁褓，斯通认为，英国在 18 世纪中叶、法国上流阶级在 18 世纪中叶以后开始废止裹卷襁褓，19 世纪中叶以后下层阶级也开始废止。［L. Stone, *The Family, Sex and Marriage in England, 1500－1800*（1977）, pp.424－425.］。对此，利普顿等人认为，无论英国与法国，18 世纪末裹卷襁褓这一习俗都已废止。另外，古德塞尔认为，“17 世纪的婴幼儿已经不再使用裹卷襁褓了”［E. L. Lipton, et al., “Swaddling, A Child Care Practice: Historical, Cultural and Experimental Observations”, *Pediatrics*, Vol.35, No.3, Part Ⅱ（1965）, p.523; W. Goodsell, *A History of the Family as a Social and Educational Institution*（1923）, pp.332－334.］。出现上述多种说法的原因是，有关社会阶层、地区差异或代际差异的研究不充分，除此之外，近代发展起来的护理技术、产科学、儿科医学等的发展给予儿童观的影响是很大的（参照本书第四章）。

② ［日］越智武臣“ヨーロッパ経済の変動”《岩波講座・世界歴史第十四巻，近代一》（1969），第 107 页以后。［日］大塚久雄《欧州経済史序説》（1938）《著作集》第二巻所収，第 413—417，421 页以后。

③ M. Harrison, *Children in History, 16th and 17th Centuries*（1960）, p.20.

④ A. Macfarlane, *The Family Life of Ralph Josselin*（1970）, p.90.

⑤ W. Goodsell, *A History of the Family as a Social and Educational Institution*（1923）, p.294.

林康夫人(Elizabeth Lincoln，Countess of Lincoln)在批判乳母养育的同时，指出母乳喂养的缺失，“……与其说是身份卑下、贫困的家庭所为，往往更多的是身份高的有钱人的罪过”。[①] 而同时，“很多贫穷的妇女靠着喂养他人的孩子来维持生计”，[②]从中可见乳母养育对于下层阶级的妇女来说是少数收入来源中的一项。

要阐明废除裹卷襁褓习俗与倡导母乳喂养之间的关系，需要关注清教徒对乳母养育的批判与母乳喂养的提倡都是以《圣经》的母性论为基础的。在第四章中提到的迪林厄姆阐述道：“女性由自然授予的乳房是为哺育自己的孩子用的，母乳喂养是母亲的义务。”[③] 而克利弗则论说：“神让母亲的血液变为乳汁……乳房组织内形成让乳头将温暖的乳汁授予自己的孩子通路，人从经验上得到这样的教诲。”[④] 进一步地，惠特利说道：“神为何授予女性乳房？……不会是让乳汁洒向地面吧！……是为这个世上的新居者造就的。”[⑤] 杰福德、古奇、林康夫人也有过同样的论说。[⑥] 并且，提倡母乳喂养不仅针对女性，也针对男性。古奇曾阐述道，如果世间做丈夫的都对母乳喂养持积极的态度，只要这样去做，“今天一个母亲哺育自己的孩子，而后就会有二十个妇女去这样做”，[⑦]强调了男性支持的必要性。这样的实践情景在乔塞林的日记中有记录。他写道：“那件事(母乳喂养)让神高兴，但妻子的乳房肿起，很是疼痛。这让妻子心存不满，或内心悲

---

① E. Lincoln，*The Countess of Lincoln's Nurserie*（Oxford，1622，British Museum Library，C.40. d.30)，p.11.

② W. Gouge，*Of Domesticall Duties*，*Eight Treatises*. *Whereunto are added Patterns of Players for the Severall Members of a Family*，*gathered out of the severall Treatises of Domesticall Duties*（1622)，p.516；Alice Clark，*Working Life of Women in the 17th-Century*（1919)，pp.242 - 253.

③ F. Dillingham，*Christian Oeconomy*，*or Household Government*（London，1609)，fols. 39 v-r.

④ R. Cleaver，*A Godly Forme of Household Government*（London，1603，British Museum Library，4411. df.21)，p.238.

⑤ W. Whatley，*Prototypes*（London，1640，British Museum Library，3165. f.3)，p.140a.

⑥ G. Gyffard，*Fifteene Sermons*，*upon the Song of Salmon*（London，1598，British Museum Library，4453，aa. 3)，p.138. W. Gouge，*Of Domesticall Duties*，*Eight Treatises*. *Whereunto are added Patterns of Players for the Severall Members of a Family*，*gathered out of the severall Treatises of Domesticall Duties*（1622)，p.509；E. Lincoln，*The Countess of Lincoln's Nurserie*（Oxford，1622，British Museum Library，C.40. d.30)，pp.9 - 10.

⑦ W. Gouge，*Of Domesticall Duties*，*Eight Treatises*. *Whereunto are added Patterns of Players for the Severall Members of a Family*，*gathered out of the severall Treatises of Domesticall Duties*（1622)，pp.518ff.

哀。但经过一段时间的授乳，她乳房的疼痛去除了，消失了。”另外，从第一个孩子到第三个孩子以及第六个孩子的养育记录上还写着，“神垂恩让吾妻成为一个乳母”。[①]

从上述日记看出，对于母乳喂养的实践，很多女性有着不满与抵制。下面清教徒的育儿书说明了缓和女性不满情绪的具体方法。例如，古奇对于乳汁出不来的女性不满情绪这样批评道：“这是因为没有让乳房好好地垂下”“没运用多出乳汁的方法。”对于不知道喂养方法的情绪，阐述道：“要让世间的女性知道，母乳喂养是为人之母者的义务”，并说教道：“如果女性都欢快地去履行这样的义务，原先预想的痛苦和辛劳就会减轻大半。”而对于母乳喂养会影响父母的睡眠，干扰白天工作的牢骚，则说教道：“孩子不仅仅是从母亲的胎内生下来的，也是作为父亲的孩子生下来的，父母对于稍稍有一些的吵闹需要有忍受的能力。”[②] 林康夫人对于因哺乳弄脏衣服，丢失女性的美貌，年纪轻轻就出现老态，乳房松弛的抱怨，反驳道：“你看实际授乳的母亲，与不授乳的人一样……保持着服装的清洁”，并说教道：“给自己的孩子授乳，正是这样做，女性不仅越来越美丽，也在保持容颜姿态上得到恩惠。”[③] 另外，古奇也说明道，授乳不仅能增加女性的美貌，对维持母体的健康也是十分重要。[④]

清教徒对母乳喂养的倡导也通过母乳性格遗传决定论获得更大的说服力。托马斯·贝肯(Thomas Becon)认为，饮用她人的乳汁，则礼仪、习俗乃至性格也会一起饮入，[⑤] 詹姆斯·费兰德(James Ferrand)则认为，乳汁对性格与体格有

---

① A. Macfarlane, *The Family Life of Ralph Josselin* (1970), p.86; “God blessed my wife to be a nurse”.这句话可在1644年1月14日、1645年11月30日、1651年9月21日的日记中看到。

② W. Gouge, *Of Domesticall Duties, Eight Treatises. Whereunto are added Patterns of Players for the Severall Members of a Family, gathered out of the severall Treatises of Domesticall Duties* (1622), pp.514－517.

③ E. Lincoln, *The Countess of Lincoln's Nurserie* (Oxford, 1622, British Museum Library, C.40. d.30), pp.13－14, 515.

④ W. Gouge, *Of Domesticall Duties, Eight Treatises. Whereunto are added Patterns of Players for the Severall Members of a Family, gathered out of the severall Treatises of Domesticall Duties* (1622), p.515.

⑤ T. Becon, *A New Catechism Set Forth Dialogue Wise in Familiar Talk between the Father and the Son*, Vol.3 of *The Paker Society*, ed. by J. Ayre (Cambridge, 1844), pp.347－348.

着巨大的影响。[①] 亨利·史密斯(Henry Smith)引用了当时的谚语"婴儿从母兽的乳房中吸取邪恶"(He sukt evil from the dug),警告饮用无责任的、邪恶的乳母的乳汁会给孩子带来道德上的缺陷,并说教道:"将婴儿委之乳母之手对孩子的成长是不自然的,要从众多不好的乳母中寻找到好的乳母是很困难的,即便能够寻找出来,与理想的乳母还是差得很远,养育孩子的最善之法还是自己来哺育。"[②] 林康夫人的下面这段话最为集中地体现了清教徒母乳喂养的基督教价值。

> 迄今为止,我们一直怀着违背之心跟随着夏娃而来。但现在让我们顺从地跟随夏娃而走。神赐予夏娃的身体经历怀孕、发育、出生这样的苦难,让她体验自身抚育孩子的艰难之时,她对此是否抗辩过? 她没有任何抗辩之词。为此……愿神给大家孩子之时,请不要反对让这个孩子吮吸你的乳汁。[③]

以上论述,阐明了将通过洗礼成为纯洁幼子耶稣的形象与倡导母乳喂养的基督教母爱之间的联系。在转型期,房间中装饰怀抱幼子耶稣的圣母玛利亚肖像画与授乳的圣母玛利亚肖像画逐渐成为一种社会性的流行趋势。这样的情况在17世纪达到了顶点,玛利亚信仰的传播可以被认为是上述儿童意识广为传播的一种反映。[④]

---

① J. Ferrand, *Erotomania* (Oxford, 1641), p.144.

② H. Smith, *The Sermons of H. Smith gathered into One volume* (London, 1628), p.42; E. Lincoln, *The Countess of Lincoln's Nurserie* (Oxford, 1622, British Museum Library, C.40. d.30), pp.18ff.

③ E. Lincoln, *The Countess of Lincoln's Nurserie* (Oxford, 1622, British Museum Library, C.40. d.30), p.19.相较英国母乳喂养在17世纪普及的情况,法国早在15世纪就对此有很高的关注度,但17世纪以后反而乳母养育开始增加了。P. Ariès, *L'Enfant et la vie familiale sous l'Ancien Régime* (1960), English edn., *Centuries of Childhood: A Social History of Family Life* (1962), pp.105,374,[日]杉山光信,杉山恵美子訳《"子供"の誕生——アンシァン・レジーム期の子供と家族生活》(みすず書房, 1980),日译本第101,351页。E. L. R. Ladurie, *Le territoire de l'historien* (1973 - 1978),[日]樺山紘一他訳《新しい歴史学》(新評論, 1980),日译本第42—43, 84, 217—222页。

④ P. Ariès, *L'Enfant et la vie familiale sous l'Ancien Régime* (1960), English edn., *Centuries of Childhood: A Social History of Family Life* (1962), pp.33 - 49,[日]杉山光信,杉山恵美子訳《"子供"の誕生——アンシァン・レジーム期の子供と家族生活》(みすず書房, 1980),日译本第35—50页。E. L. R. Ladurie, *Le territoire de l'historien* (1973 - 1978),[日]樺山紘一他訳《新しい歴史学》(新評論, 1980),日译本第221—222页。

清教徒的育儿意识中贯穿着“圣经主义”状况，也可以从对儿童的道德性管教，对寄养制、徒弟制等儿童社会化方式持有的精神性态度中了解到。在“转型期”，随着上述家庭结构的变化，对于儿童的经济上的投机意识逐渐淡化，代之以伦理-道德性的关注开始高涨。[①] 尤其是在清教徒意识中，对于儿童的社会化，更强调原罪的意识，更强烈地否定现世的禁欲伦理在起着作用。

也就是说，清教徒认为，原罪通过洗礼得到净化之后也并非约定来世的救赎，未赐予神的恩宠（救赎的预定），仅以个人的力量不能成就微薄之善。清教徒对人的看法相当悲观：人处于“灭亡之群”（massa perditions）中，极易不断地受到恶的诱惑，能够得到救赎的只是少数。清教徒因深刻认识到极易染上现世之恶的人的弱点，而更加对道德的完成有着迫切希望，期望获得切实的来世之救赎。即便是儿童天真的“笑容”，清教徒也当作引诱堕落的诱惑而表示厌恶。清教徒这种激烈地否定现世的态度，在上述的态度上明显地表现出来。因而，清教徒的孩子被毫无遮掩地教导：儿童是作为“泪之谷”存在于现世，要承受孤独，与其逃避，不如自觉地锻炼自己。·而衡量“救赎与否之确凿”的唯一尺度就是，持“天职”行进“天路”，[②]为成为不在地上定居的“移居者”（émigré）[③]，这需要从禁欲、伦理上锻炼自己。对于受洗纯洁的儿童，父母要积极进行道德教导，确信据此能成为“德性完成者”的“完全儿童”，其前提是儿童有陶冶的可能性。清教徒极度抑制情感，以不失威严的凌然态度，始终要求儿童穿着朴素的服装，以与年龄不相符的、沉着仔细的成人方式行动；要求儿童在家庭生活的所有时间与场合，每次遇见父母要问好，背诵《圣经》中的言辞。另外，在妻子、女儿的服装和手帕上绣上《圣经》言辞的现象，也反映了对儿童陶冶可能性的相信与“圣经主义”的道德性关注。16 世纪与 17 世纪之际，社会上流行着向儿童诉说坠落地狱与死的恐怖，出现时而道德性地、时而也以威吓的方式诱导其对死的态度的状况，

---

① P. W. Musgrave, “The Relationship between the Family and Education in England: A Sociological Account”, *British Journal of Educational Studies*, Vol.19, No.1(1971), pp.120 - 122; Joan Thirsk, “The Family”, *Past and Present*, No.27(1964), pp.119 - 120.

② John Bunyan, *The Pilgrim's Progress from this World to that which is to come* (1678). 此书日译为《天路歴程》。M. Mead, “Social Change and Cultural Surrogates”, *The Journal of Educational Sociology*, Vol.14(1940 - 1941), p.107.

③ ［日］大木英夫《ピューリタン》，第 84—85 页。

这样的倾向在清教徒家庭中尤为明显。[①] 这反映了道德性管教取代体罚，运用以《圣经》的言辞来施行心理惩罚的方法流行。

清教徒原罪意识的再度强化，在管教儿童之际，起着将儿童道德性地圈栏进救赎之路的功能。这样的道德教育意识形成通过“召唤＝职业”来实现人格形成的论说。“清教徒欲成为职业之人”[②]（着重号部分为原著者所加——译者注）。职业，取代过去“为攒钱的，带着一分后悔之情的贱民的营利活动”此类看法，此时被认为是今生获得来世救赎的唯一手段，持着现世的伦理，为目的而行动。以这样的职业伦理化，摈弃了传统的职业等级制。清教徒对寄养制、徒弟制的态度也是受到上述救赎史道德论支持的职业观为背景的。

将孩子早早地送出自己的家，在其他家庭里接受职业训练与涉及生活整体的“代替家长”之管教的习俗，其起源可以追溯到 12 世纪的英国，[③]随着共同体内部分工的发展，从 14 世纪末到整个 15 世纪开始广泛展开。在儿童在其他家庭中接受管教方式中可以发现其道德性教育的意义：比之在自己家庭里，儿童更容易学会礼仪举止；防止家长的过度保护与溺爱，[④]这样的方式开始具有社会性说服力是在核心家庭化逐渐开始发展的 16 世纪后半叶之后。[⑤] 在“转型期”开始之后，才以清教徒的“召唤”观对寄养制、徒弟制对人形成的功能给予合理的解说，强调了其他家庭作为获得“天职”之场所的作用。清教徒家庭的儿童，通过被送去当徒弟，受到双重的干涉：开始了成为成人的道德化过程；缩短了儿童期。[⑥]

---

① M. Harrison, *Children in History, 16th and 17th Centuries* (1960), pp.65, 110; L. Stone, *The Family, Sex and Marriage in England, 1500 - 1800* (1977), pp.173, 465.

② M. Weber, “Die protestantische Ethik und der Geist des Kapitalismus (1904 - 1905)”, *Gesammelte Aufsätze zur Religionssoziologie*, Bd. I (Tübingen, 1921)，［日］梶山力，大塚久雄訳《プロテスタンティズムの倫理と資本主義の精神》(岩波文庫，1962)，日译本（上）第 111—112 页，（下）第 249 页。

③ O. Dunlop, *English Apprenticeship and Child Labour, A History* (London, 1912), pp.27ff.

④ L. Einstein, *Tudor Ideals* (New York, 1921), pp.425 - 426; E. S. Morgan, *The Puritan Family* (1944), p.77.

⑤ L. Stone, *The Family, Sex and Marriage in England, 1500 - 1800* (1977), pp.652ff.，［日］北本正章訳《家族・性・結婚の社会史——1500—1800 年のイギリス》(勁草書房，1991)，日译本第 87—88，135—137，561 页以后。

⑥ E. S. Morgan, *The Puritan Family* (1944), pp.68, 70; P. W. Musgrave, “The Relationship between the Family and Education in England: A Sociological Account”, *British Journal of Educational Studies*, Vol.19, No.1(1971), p.19.

四、结语：清教徒的育儿意识与近代儿童观

通过强调母乳喂养与停止裹卷襁褓，实现儿童的身体解放、基督教母爱的意识形态化、家庭感情的深化，采取强化原罪意识的心理处罚以及依据“神的召唤”之观念的早期职业人的形成——上述这些就是与依据中世纪原罪说的冷酷的儿童观相区别的清教徒育儿意识的特征。

如果将上述清教徒育儿意识置于与其后历史变迁中产生的现实性结果的关系中来考察，就会发现，以清教母性论为背景的育儿意识中存在相互矛盾的要素。

清教徒依据《圣经》的教义赋予母乳喂养的实践以重要的价值，以女性乳房是“神虑”(providence)之产物的认识来推导母性论。如果将这样的母性论放在宗教改革之后的家庭社会史上来考察就可以发现，它的出现确实促进了近代儿科医学的发展，[①]成为降低婴幼儿死亡率的一个契机，也减少了弃子、私生子的数量；[②] 这与避孕法的发展相结合，确实开辟了人为介入人口结构机制的途径。而且对于儿童的发展与形成来说，通过废除裹卷襁褓解放儿童的身体，在夫妇家庭(conjugal family)中强化母子关系的情感纽带，确实推动产生了一个健全的社会心理的基础。

与此同时，由这样的母性论触发的“感情性个人主义”[③]，与清教徒的父权制核心家庭相结合，成为将成人的权威单向地投射于儿童的蓄水池，产生了频繁地内在干涉与紧密连接的亲子关系。也就是说，原罪意识与“预定说”的救赎史观相结合，产生了更加强烈地希望儿童得到救赎的心态，要使儿童成为德行体现者

---

① 有关近代历史中儿科医学的体系化与对儿童关注度的进一步深化有怎样的关联度，其背景中存在着怎样的儿童观的变化等问题，目前并不清楚。北本正章认为，家政书谱系与儿科医学书谱系的史学性研究是探索近代儿童观形成过程的有力的线索(参照本书第四章及第六章)。

② Peter Laslett, et al., “Long-Term Trend in Bastardy in England”, *Population Studies*, ⅩⅩⅤ, Ⅱ(1973), pp.260, 274.

③ 斯通认为，核心家庭化的进展，使得人际关系中“情爱个人主义”(affective individualism)的心态高涨。L. Stone, *The Family*, *Sex and Marriage in England*, *1500 - 1800*(1977), pp.221ff.,［日］北本正章訳《家族・性・結婚の社会史——1500—1800年のイギリス》(勁草書房, 1991), 日译本第176页以后。

的心理指向愈发强烈。但对儿童来说，家长的单向频繁地理性照看是压迫性的、"闯入性"[1]的干涉。结果，与家长的意识与愿望相反，这样的照看导致儿童本来具有的朴素而自然的德行无法生长，儿童被强制要求对家长表示绝对的服从与毕恭毕敬的恭顺。这种被动的、被操作的态度甚至达到冷酷无情的程度。童年期固有的自然本能的特性与内在主动性，即包含由自我保存的本能所推动的试错经验的自发性在发展上的意义被忽视了，儿童被当作一种被动的存在。在这样的状态下，儿童被圈栏进核心家庭控制的网络中，家长作为新教主义世俗禁欲伦理的道德教师，对儿童施以权威。

与这样的儿童圈栏相应的是，在清教母性论的指导下将女性圈栏进家庭育儿的过程。从结果上看，清教母性论具有将儿童与女性圈栏进父权制核心家庭的性质。把女性(妻子)从生产场所赶出来，圈栏进家庭内，剥夺了女性(妻子)在经济独立上不可缺少的能动性形成的机会。[2] 清教主义母性论，其性质是启动核心家庭人口再生产系统的意识形态装置。

清教徒尽管在生活中遭遇上述种种矛盾，但依然奉行"圣经至上"的方式，加深对儿童的道德性、心理性地照看，进而产生了与中世纪不同的育儿意识，形成了洛克至卢梭的更为精致的"育儿论"之前史。清教徒中虽然没有产生洛克、卢梭这样的教育思想家，但在不断重复的日常生活中，深化了对儿童的关注，以近代教育社会史前史的形态，创造了作为近代教育思想胚胎的儿童认识。而围绕近代儿童观的原罪说与白板说之对立，与本书前面的阐述对照，亦可看作是对儿童的单向管教的逻辑与全面尊重儿童可塑性的逻辑之对照。前者是以儿童的陶冶可能性为前提，在"闯入性"育儿意识下的成人权威主义价值观，后者则仍以儿童的陶冶可能性为前提，清教徒的原罪意识在显示关注儿童养育的同时，开始转

---

① 劳埃德·德莫斯认为，历史上表现的亲子关系的心理样式可分为五种模式，其中清教徒家庭是"闯入式(intrusive mode)的典型"。Lioyd de Mause, *The History of Childhood* (1974), pp.51－54，而斯通将近代亲子关系样式分为六种社会学理念类型，清教徒的类型为"利己主义型闯入模式"(egocentric intrusive mode)。L. Stone, *The Family, Sex and Marriage in England, 1500－1800* (1977), pp. 463－468，[日] 北本正章訳《家族・性・結婚の社会史——1500—1800 年のイギリス》(勁草書房, 1991)，日译本第 387 页以后。

② R. Hamilton, *The Liberation of Women, A Study of Patriarchy and Capitalism* (London, 1978), pp.51－75.

化为以儿童可塑性为前提的“人格完成”意识。以这样的方式来把握两者的关系,意外地发现其关系非常接近,不同之处在于,白板说以儿童与成人的预定协调的教育关系为目标,与近代教学论保持着密切关系的同时,讨论了更为合理的教育方法,进而与启蒙主义教育论相连。[①]

直至今日,为实现这样的预定协调的教育课题依然存在。关于需由成人促成儿童的社会化与尊重儿童期自身价值这一矛盾,[②]卢梭发现了这一矛盾最为深刻与纯粹的形式,从而提出近代教育之二律背反的难题。[③]

① 一般,近代的儿童观被认为“原罪说 VS 白板说”的图式{[日] 金子茂“伝統的な子ども観から近代的な子ども観へ”(日本教育学会第37回大会《シンポジウム提案要旨集》, 1978年8月31日), 第28页},但“白板说”是洛克为整合经验论与理性论而作为认识论的前提性条件提出的,是保留价值判断的用词,事实上,教育上并没有充分论述“白板说”的儿童观,也没有出现将清教徒的闯入性儿童观置于对立地位予以批判的情况。正如山崎正一所指出的“洛克的哲学应是清教主义的哲学化吧!”{[日] 山崎正一《近代思想史論——“近代化”の思想構造》(東京大学出版会, 1956), 第107页},洛克的思想可能与清教主义有相当程度的连续性。与清教主义中神学的性恶论之“原罪说”处于价值上的对立关系的是,卢梭的自然主义性善论儿童观,布莱克、华兹华斯的“纯真说”。

② [日] 森田伸子“近代的子ども観の形成と《エミール》”《教育学研究》第45卷第4号(1978), 第289—293页。 [日] 森田伸子《子どもの時代》(新曜社, 1986), 第153页以后。

③ L. Trilling, *Sincerity and Authenticity* (London, 1972), [日] 野島秀勝訳《“誠実”と“ほんもの”——近代自我の確立と崩壊》(筑摩書房, 1976)。

第六章
近代社会育儿书的社会史谱系研究

一、导　　言

在儿童的发展与教育上，近代学校教育与家庭教育各自扮演的角色十分混乱，家庭与学校在各自空间中的功能不断改变，诸多学者对这样的社会功能的期待与议论各执己见，莫衷一是。这种问题的复杂性反映了在近代市民社会建立以后的历史过程中，社区、家庭、学校、国家等的教育功能发生了复杂的变化。问题复杂性的一个原因在于，人们忽视了从整体上洞察这类问题的历史性研究，恰如与高度文明化、生活样式愈加精密细分、社会整体形成高度智能化（cybernetics）的复杂结构单位的状况成反比一般，人的整体性愈加部分化，呈现出单细胞化的倾向，以至于表现出人们的历史感更加稀薄。“旧即陈腐，新便是优良”一类修辞法泛滥于世，特别是在像日本这样在现代化过程中体验了生活条件急剧变化的国家，这类套话尚未失去其说服力。为超越这种陈词滥调，必须开始认真讨论为了开拓未来而储存的过往历史的遗产。正如克里斯托弗·拉什（Christopher Lasch）所主张的，将过往历史作为无价值的东西处理的风潮是表征文化危机的严重症候之一，否定过去看上去是进步的和乐观的，而实质上这种历史感的缺乏将造成无法真诚地、创造性地面对未来，或表现为对无法建设性地直面社会与文化的绝望。[①]

纵观围绕儿童发展与教育的各种问题的整体，以此为出发点，探求新的共同体中新的教育方式，需要就现代教育带出的各种问题，返回历史性研究的前沿，探明各种原因的来源及其历史性、社会性变化的特点。

欧洲历史上能够观察到的对于儿童发展与教育的感情与精神性态度的变化，究竟在怎样的价值秩序与方向上前行？使这种历史性前行成为可能的各种要素中，哪些是正确的？哪些是错误的？深究这些问题之后，又能建立怎样的基本观点？上述这些问题的答案，可以在最近的儿童史研究的动向[②]中获取若干假说。在涉及近代欧洲育儿的感情与精神性态度上，与历史进程同步，儿童的发展是早熟了还是更加晚熟了？亲子之间、师生之间的距离是亲近了还是疏远了？年龄阶梯与成长节点固定仪式的方式实质上是崩毁了，还是依然保持着？已经明确了的以学校为中心的年龄区分与成长节点固定仪式的传统，存在着怎样的关系？是母性原理扩大了还是父性原理强化了？性解放是取得了进展还是受到了压制？使这样一系列矛盾要素相互对立，可以读出一种二项图式性的假说群。

这些假说群包含着从中派生出来的更小的假说，需要超越一般解释而基于

---

① Christopher Lasch, *The Culture of Narcissism—American Life in an Age of Diminishing Expectations* (1977), pp.xvii-xviii, [日] 石川弘義訳《ナルシシズムの時代》(ナツメ社, 1981), 日译本第9—10页。克里斯托弗·拉什，美国历史学家、社会评论家。此书的中译本为[美] 克里斯托弗·拉什. 自恋主义文化——心理危机时代的美国生活[M].上海：上海译文出版社，2013.——译者注

② E. S. Morgan, *The Puritan Family* (1944); J. H. Van den berg, *Metabletica, of Leer der Veranderingen* (1955), [日] 早坂泰治郎訳《メタブレティカ——变化の歴史心理学》(春秋社, 1987); M. Lochhead, *Their First Ten Years* (1956); F. G. Roe, *The Victorian Child* (1959); M. Lochhead, *The Georgean Child* (1961); P. Ariès, *L'Enfant et la vie familiale sous l'Ancien régime* (1960), [日] 杉山光信, 杉山恵美子訳《"子供"の誕生——アンシァン・レジーム期の子供と家族生活》(みすず書房, 1980); A. Peiper, *Chronik der Kinderheilkunde* (1966); Bernard Wishy, *Child and the Republic* (1968); Ivy Pinchbeck & M. Hewitt, *Children in English Society*, Vol.2(1969-1973); John Demos, A *Little Commonwealth* (1970); David Hunt, *Parents and Children in History* (1970); D. Bakan, *Slaughter of the Infants* (1971); Lioyd de Mause (ed.), *The History of Chilhood* (1974); E. Shorter, *The Making of the Modern Family* (1975), [日] 田中俊宏ほか訳《近代家族の形成》(昭和堂, 1987); Ph. Greven, *The Protestant Temperament* (1977).20世纪80年代前的儿童观历史研究中，英国与美国的主要研究论文集中比较重要的是以下文献：C. V. Fox & M. H. Quitt, *Loving, Parenting and Dying: The Family Cycle in England and America, Past and Present* (1981).

实证研究的论证，但聚焦到儿童上来思考的话，这些假说间的矛盾可以以现代化的人形成过程中儿童的解放与儿童的管控两项对立命题来解释。这种两项对立的命题在阿里埃斯和德莫斯等人的研究中十分鲜明地显示出来，前者依据对中世纪社会充满着乡愁的复古史论，展开了暗藏着"现代化等于对儿童的压抑和管理机构的精致化"为基本主题的悲观的近代儿童史描述；而后者则展开了亲子关系的心理进化解放了儿童，现代化的实现促进了用合理的儿童发展与人格形成的基本观点来描述未来解放的、乌托邦式的儿童史图景。

要验证这样的假说，仅将现实历史过程还原到单纯的因果关系图式，以此作为充分的历史解说，或允许没有事实认识为基础的观念性独行的思辨方式的横行，都是不可能的。要避免无视事物的生成过程，把所有变动的东西都当作没有运动的静态物体的"静止的观点"；或与此相反，为避免那种认为历史中只存在不断变化，从而陷入不确定状态的"历史相对主义"，就需要从整体和多层次的理解上来把握各种原因与结果之间的连锁反应。首先，不可避免地需要研究迄今为止的历史性经验事实，正像鸟光美绪子指出的那样，[①]儿童史的研究需要考虑对象的具体性，而不是仅以假说操作而终结，[②]需要坚持通过具体的事实分析，理清现代化过程中儿童观的变化过程。

这里以上述的问题意识为出发点，作为今后全面的儿童史研究的一个切入口，勾勒出欧洲 14—18 世纪育儿书的社会史谱系。

二、作为史料的家政书、养育书、礼仪指导书

迄今为止的若干研究已对 14—18 世纪西欧社会中的家政书、养育书、

① ［日］鳥光美緒子"近代社会の子ども観"《教育学研究》第 48 巻第 3 号（1981 年 9 月），第 242 页。

② "假说是建设前设置、建筑物形成后拆去的脚手架。脚手架对于建筑工人来说是不可或缺的。当然，建筑工人不能将脚手架当作建筑物本身。"［日］高橋健二編訳《ゲーテ（歌德）格言集》（新潮文庫，1952），第 49 页。

礼仪指导书一类文献作了适当阐述。[①] 但这些研究的主要关注点还停留在罗列性地介绍文献的存在和个别文献的特色梗概上，未能将各个小事件置于历史洪流中来把握，未能在家庭史、经济史、宗教史、社会史等相邻领域中确定其多面、多层次的位置，未能尝试对事实作新的意义上的解释，以发现在这些经验事实中超越事实、人的形成的各种契机和可能性。同时，迄今为止以这一时期为对象的、已有定论的教育史研究，也轻视或忽视这类文献的存在。[②]

与上述情况不同，20 世纪 60 年代以后的历史学中，家庭史、人口动态史、女性史、儿童史、青年史的社会史研究热情高涨，从而刺激了以这类以往被忽视的资料为对象的研究，这一点在本书第一章已作过若干阐述。[③] 以阐明近代市民社会形成期中人的特性与社会结构的关系为目标的阿里埃斯和诺贝特·埃利亚斯(Norbert Elias)的研究，[④]包括 20 世纪 70 年代以后正式开展的儿童史研究中的若干项目，都加入了以这些之前未被发现的文献为基础资料的分

---

① A. Böhmer, "Anstant und Etikette in den Theorien der Humanisten", *Neue Jahrbücher für das Klassische Altertum*, 14 (1904); F. Watson, *The English Grammar Schools to 1660—Their Curriculum and Practice* (1908); J. E. Mason, *Gentlefolk in the Making—Studies in the History of English Courtesy Literature and Related Topics from 1531 to 1774* (1935).

② J. W. Adamson, *Pioneers of Modern Education in the Seventeenth-Century* (1905); W. H. Woodward, *Studies in Education during the Age of Renaissance, 1400 - 1600* (1906); S. J. Curtis, *History of Education in Great Britain* (1953); F. Caspai, *Humanism and the Social Order in Tudor England* (1954); J. Simon, *Education and Society in Tudor England* (1967).

③ 有关这些动向可参考以下杂志的特辑，以及斯通所撰写的有关研究动向的论文。《思想》第 663 号(1979 年 9 月)"社会史特辑"。*Daedalus*, Vol.97, No.2(1968 Spring); *Daedalus*, Vol.100, No.1 (1971 Winter); *Journal of Interdisciplinary History*, Vol. Ⅱ, No. 2 (1971 Autumn); *Journal of Interdisciplinary History*, Vol.V, No.4(1975 Spring); *Journal of Interdisciplinary History*, Vol.Ⅵ, No.2 (1975 Autumn); *Journal of Social History*, Vol.X, No.V(1976 Winter); L. Stone, "*History and the Social Sciences in the Twentieth Century*", in C. Delzell (ed.), *The Future of History* (1977); L. Stone, "Family History in the 1980s", in *Journal of Interdisciplinary History*, Vol.Ⅻ, No.1, pp.51 - 87.(参照本书第一章)

④ P. Ariès, *L'Enfant et la vie familiale sous l'Ancien Régime* (1960), *Centuries of Childhood* (1962), pp.365ff., [日] 杉山光信，杉山恵美子訳《"子供"の誕生——アンシァン・レジーム期の子供と家族生活》(みすず書房, 1980), 日译本第 341 页以后。N. Elias, *Über den prozess der Zivilisation* (1969), [日] 赤井慧爾ほか訳《文明化の過程》(法政大学出版局, 1977) (上), 日译本第 139 页以后。

析工作。[1]

如前几章所见，14 世纪以后约 400 年间，家政书丧失了传统的百科全书特性，在时代和地区的变化中缓慢分解，而分化出近代经济学、农学、医学、烹饪学、伦理学、行政学、教育学等各个领域。在这种长期的分化过程中，逐渐积累了关于探索亲子关系适当方式的经验性认识，从传统的家政书中产生了养育书、礼仪指导书等一类独立发展的书籍，在近代学校大众化之前成为最为具体的、有可能获得的儿童社会化手册。

这些文献并非记录了特定的时代或地区代表性人物的主观愿望和思想。正如埃利亚斯指出的那样，这些文献是庞大的口述传承的片段集，即使存在着由个人冠名的、一直流传至今的礼仪书、诗歌、格言集、养育书、劝导集、训诫书、箴言，本质上还是个人收集的、依据相应分类的、通过社会生活传承的文化脉流的一部分。[2] 这一类文献的作者和编辑者与其说是具有个性的立法者或创造者，毋宁说是其生活的社会中比较广泛的行为基准的集大成者。

比如礼仪指导书就是直接提示某个社会中要求其成员在与他人交往中的礼仪行为的，或作为社会性行为和情感方式，什么样的行为需要禁止，什么样的行为需要奖励等一类事项的。特别是这些文献中有着直接的“教养”或“指导”的典型事例，从中可以观察到使儿童适应特定社会与状况所需要的行为与情感样式的过程及其缓慢的变化。另外，通过观察成人的基准，以及这一基准随着时代是如何变化的，可以在长期的视野中把握儿童发展与形成中的情感变化。下面从儿童社会史的视角出发，分析构成育儿书的三种类别——家政书、养育书、礼仪指导书的若干文献的谱系。

---

① B. M. Berry, “The First English Pediatricians and Tudor Attitudes toward Childhood”, *Journal of the History of Ideas*, Vol.35, No.4(1974); S. R. Smith, “Religion and the Conception of Youth in Seventeenth-Century England”, *History of Childhood Quarterly*, Vol.2, No.4(1974); L. Demaitre, “The Idea of Childhood and Child Care in Medical Writing of the Middle Ages”, *Journal of Psychohistory*, Vol.4, No.4(1977); C. J. Sommerville, “English Puritans and Children”, *The Discovery of Childhood in Puritan England* (1992), Vol.5, No.4(1978); C. J. Sommerville, “Breaking the Lcon — The First Real Children in English Books”, *History of Education Quaryerly*, Vol.21, No.1(1981).

② N. Elias, *Über den prozess der Zivilisation* (1969), [日] 赤井慧爾ほか訳《文明化の過程(上・下)》(法政大学出版局, 1977—1978) (上), 日译本第 154—155, 190—192 页。

三、传统家政书的解体

根据奥托・布伦纳(Otto Brunner)的研究,[①]家政书的起源最早可以追溯到色诺芬的《家政论》和亚里士多德的《经济学》。将家政学分为主人的支配、父权的支配、丈夫的支配三种类型,作为"先于政治手腕的方式"定型的是亚里士多德。在这样的家政学里,家庭中人际关系的伦理性标准是以上述三种类型来确定的。[②] 家政学作为男性的学问不断为国家理论与法学提供基础。此后,这样的家庭伦理体系在很长时间里未看到其在内容上的发展,但却持续了几个世纪,提供了欧洲关于家庭和家庭人际关系各种说教的基本概念。传统的家政书是记录整个家庭中的人际关系,即夫妻、亲子、家长与奴婢的关系,另外还包含着在家庭生活和农业生产中必须完成的各种任务,[③]根据威廉・海因里希・里尔(Wilhelm Heinrich Riehl)的研究,这种家政学当时被称为"全家"(das ganze Haus)之学[④]而被当作为一种理想化的状态。

这种传统的家政书与农业结合的方式是16世纪以后形成的。[⑤] 在重商主义时代,"男性家长之书"的特性进一步得到加强,这与其说是反映了以农业为基础的封建性质的共同体的稳定,毋宁说是一种危机存在的表现。从近代英国来看,这样的情况只要观察这一时期之后至19世纪前半叶的家庭结构变化就可以十分清楚了。至少在上层阶级中,家庭的结构从1450—1630年左右主要为"开

---

① O. Brunner, "Adeliges Landleben und europäischer Geist — Leben und Werk Wolk Helmhards von Hohberg, 1622-1688" (Salzburg, 1949), in *Neue Wege der Verfassungs — und Sozialgeschichte* (Göttingen, 1968), [日] 石井紫郎ほか訳 "《全き家》と旧ヨーロッパの《家政学》"《ヨーロッパ——その歴史と精神》(岩波書店, 1974) 所収。

② 日译本亚里士多德的《政治学》《经济学》中的论述: アリストテレス《政治学》第一巻第十二章, 第1159a30—b20页。《経済学》第一巻第一章, 第1343a—a20页(《アリストテレス全集十五》岩波書店, 1969)。

③ O. Brunner, *Neue Wege der Verfassungs — und Sozialgeschichte* (1968), [日] 石井紫郎ほか訳《ヨーロッパ——その歴史と精神》(岩波書店, 1974), 日译本第154页。

④ W. H. Riehl, *Naturegeschichte des deutschen Volkes* (Leipzig, 1935), SS.197ff.; W. H. von Hohberg, *Georgia curiosa oder Adeliges Land — und Feldlieben* (1682), [日] 飯塚信雄《男の家政学——なぜ"女の家政"になったか》(理想社, 1977)。

⑤ 显示这一点的案例可见以下文献: J. Coler, *Oeconomia ruralis et domestica* (1593).

放的血统家庭”，1550—1700 年主要为“限定父权制核心家庭”，而自 1620—1800 年则主要是“封闭的家庭内核心家庭”。[①] 家庭结构的这种多层次变化反映了父权的衰退过程以及最后的解体。

传统家政书的形成是以自然经济为基础的，由于生产力水平低下，如果没有通过家庭成员的无偿劳动、主人（家长）对整个家庭的支配形成集体的力量，就不可能得以维持，因而必然采取“全家”的社会形态。“家”作为广义的“宪法”下的一个基本社会要素而具有功能，从而形成一个“自由圈”（Freiung）以保证“家庭的平和”（Haus-frieden）。在这样的社会中生存的儿童，完全是在经济性关注的范围中来认定其存在的意义的。由于血缘关系形成的结合，通过共同体的相互扶助和相互干涉，以确定其存在的位置，因而对于共同体的规定不得不全盘接受。在扩大的家庭形态中，通过限嗣继承制、长子继承制、陪嫁金制度等以增强家庭间的联盟，尤其是通过幼儿的订婚形成共同体间及家庭间同盟的做法，作为均衡势力的一项策略，发挥了重要的功能。如英国的帕斯顿家族那样的望族，“儿童的婚姻是扩大一族豪门势力竞争上的记分表，这种方式被认为能够在获得货币和领地，得到强有力的保护者的援助上发挥作用。假如被奉上祭台的牺牲品（一般是女性，如自己的女儿等被监护人）反抗的话，会诉诸难以相信的野蛮的肉体刑法加以镇压”。[②] 根据弗雷德里克・詹姆斯・弗尼瓦尔（Frederick James Furnivall）的研究，约有 130 种资料[③]是关于幼儿婚姻的，这些资料显示，儿童大多在八九岁就决定了结婚对象。研究表明，“经常有儿童还在摇篮里的时候就定下了婚约，甚至有时都举行了仪式”。[④]

英国从 14 世纪中叶开始，以生产物作为土地租金或缴纳金银货币的方式开始流行，使得旧的统治方式（庄园型）和服役农奴制开始解体。土地的权利主体

---

① L. Stone, *The Family, Sex and Marriage in England, 1500 - 1800* (1977), pp. 85 - 86, 123 - 124, 221 - 222, 651ff.,［日］北本正章訳《家族・性・結婚の社会史——1500—1800 年のイギリス》（勁草書房，1991），日译本第 65—400 页。

② G. M. Trevelyan, *English Social History* (1942, Pelican Books edition, 1964), pp.75, 80 - 84,［日］藤原，松浦訳《イギリス社会史（1）》（みすず書房，1971），日译本第 53，57—71 页。

③ F. J. Furnivall (ed.), *Child-Marriages, Divorces, and Ratifications, & c. in the Diocese of Chester, A. D. 1561 -1641* (1965).

④ I. Power, *Medieval Women* (1975), p.39.

由“誊本保有农”开始转变为“借贷保有农”，[①]佃户的权利意识更加明确，隶属于支配者的人格性关系逐渐为通过法律而确立的非人格性关系所取代。[②] 15世纪是“农民斗争的时代”，而这样的“诉讼的时代”也是“对于法律专业人员来说收获良好的时代”。[③] 这一时期之后，出现了律师学院的繁荣，帕斯顿夫人给儿子的信明显地体现出上述情况。

> 你父亲要求你学习法律，我也劝导你每天思考一次这个意见。凡是帕斯顿家的人都需要知道如何来保护自身，这是你父亲好几次说到的。[④]

共同体内分工的发展、自耕农阶层的成长、农村工场手工业的普及等开始逐渐侵蚀传统的扩大家庭得以生存的基础，同时在宗教改革以后，随着家庭权威的再次强化，出现了“限定父权制核心家庭”的形态。比之血缘关系，在这样的家庭形态中更加重视以父权为中心的核心家庭在心理上的纽带，个人间感情的联系得到加强，同时，对于家庭外的人采取冷淡的态度也得到了强化。这样的双重心态在新兴绅士阶层和地方城市居民中扩散，他们出版的家政书更多地关注夫妻之间、亲子之间的感情关系，深化了对儿童教养的禁欲性、道德性关注，这些倾向都在这个时期由清教徒撰写的若干部家政书的内容中有着清晰的表现。[⑤] 养育书、礼仪指导书在这一时期里也向禁欲主义道德倾斜，以下提到的家庭心态的变化与家政书的内容变化有着互相对应的关系。

---

① L. Stone, *The Crisis of Aristocracy, 1558 -1641*(1965), pp.303 - 323; [日] 高岡次郎“イギリス農民一揆”; [日] 越智武臣“ヨーロッパ経済の変動”; [日] 飯塚信義“イギリス絶対主義の発展構造”,《岩波講座　世界歴史十四》(1969), 第149, 206, 280页。

② M. James, *Family, Lineage and Civil Society* (1974), pp.180 - 181.

③ [日] 越智武臣,“ヨーロッパ経済の変動”,《岩波講座　世界歴史十四》(1969), 第150页。

④ G. M. Trevelyan, *English Social History* (1942), p.92, [日] 藤原・松浦訳《イギリス社会史(1)》(みすず書房, 1971), 日译本第68页。W. Prest, “Legal Education of the Gentry at the Inns of Court, 1560 - 1640”, *Past and Present*, No.38(1960), pp.20 - 39.

⑤ Robert Cawdrey, *A Godly Forme of Household Government* (1614); W. Perkins, *Christian Oeconomie* (1618); W. Gouge, *Of Domesticall Duties, Eight Treatises. Whereunto are added Patterns of Players for the Severall Members of a Family, gatherted out of the severall Treatises of Domesticall Duties* (1622).这样的禁欲性心态催生了强烈的对儿童的道德性关注，形成了近代的所谓“儿童的发现”的社会史前史，关于这一点，见 [日] 北本正章“ピューリタン家族における子育て意識に関する一考察”教育史学会紀要《日本の教育史学　第二四集》(講談社, 1981), 第82—101页(也可参考本书第五章)。

军队机构(常备军)与官僚机构的两项制度支柱形成以后,有效地完成了机构吸收年轻人的功能,使得绝对主义性质的近代国家得以完成。那个时代,人们开始关注"殖民"和"交易",理性地计算人口与经济的社会开始从古代国家(respublica)形态中分离出来。这种分离也意味着家庭中经营与家庭的分裂,经营的"合理性"与家庭的"情绪性"开始相互对峙。[①] 配第、洛克、亚当·斯密、魁奈等的货币价值论、经济循环论、市场经济论等登上历史舞台,形成了作为专门学科的、理性的国民经济学形成的前史阶段。农业也在所谓"实验农业家"(Experimentalokonomen)时代发展了专业化,并能够独立经营,其结果使农业生产物按作物的地区分工得以进展,取得了家畜体重增加和作物单位面积产量增加的成绩。[②]

同时,由于家庭的核心家庭化,"情感个人主义"心态得到进一步强化。这样的情况在论说婚姻与家庭生活神圣化的一类文献[③]中得以体现;英文版《圣经》的发行量迅速增长证实了家庭内礼拜得到普及的状况,[④]这一状况也表现在家庭建筑结构的变化上。16 世纪后半叶至 17 世纪前半叶,上层阶级的住房里厨房与储藏室、起居室分离,暖炉与烟囱被置于通道一侧相反的墙壁内,以往的大客堂被分割为走廊和小房间,用作起居室、餐厅、寝室等。住房的这种变化使得家庭更加私密化,居住在感觉舒适的房间里,夫妻和孩子可以舒适地用餐,排除了佣人和随从。各个房间以使用者的名字来称呼,房间有带锁的门和镜子,安放有抽屉和门的家具,也安排了儿童的房间,进入各自的房间时都需要敲门。[⑤] 以往重视"招待"的大客堂与开放的暖炉为中心的生活方式向小房间和封闭的个人隐私生活方式缓慢

---

① O. Brunner, *Neue Wege der Verfassungs — und Sozialgeschichte* (1968), [日] 石井紫郎ほか訳《ヨーロッパ——その歴史と精神》(岩波書店, 1974), 日译本第 161, 173 页。

② Werner Sombart, *Liebe*, *Luxus und Kapitalismus* (1922), [日] 金森誠也訳《恋愛とぜいたくと資本主義》(至誠堂, 1969), 日译本第 228—229 页。

③ W. and M. Haller, "The Puritan Art of Love", *Huntington Library Quarterly*, V (1941 - 1942), pp.235 - 236; L. L. Schücking, *The Puritan Family* (1966), pp.40 - 50; C. Hill, *Society and Puritanism in Pre-Revolutionary England* (1964), pp.443 - 481.

④ H. S. Bennett, *English Books and Readers*, *1558 - 1603* (1965), pp.147 - 148; T. H. Darlow, et al., *Historical Catalogue of Printed Editions of the English Bible*, *1525 - 1967* (1968); L. Stone, *The Family*, *Sex and Marriage in England*, *1500 - 1800* (1977), p.235.

⑤ M. James, *Family*, *Lineage*, *and Civil Society* (1974), pp. 11 - 14; R. A. Goldwaite, "The Florentine Palace as Domestic Architecture", *American Historical Review*, Vol.77 (1972), pp.977 - 1012.

地转变，这意味着伴随生活空间的细分、时间的分割、空间功能的分化，人与人的关系更加细分化。教养的项目更加细分是由于这种生活方式的变化，对儿童的照顾愈加细致化，对儿童的观察开始有了基本的准则。[①] 16世纪以后出现的有关育儿与亲子关系的"格言""谚语"的大部分都用感情表达语言，"儿童"一词包含着特别的感情，开始认识到儿童是被"温柔"（tenderness）和"慈爱"（lovingkindness）以待的对象，[②]而今天这样的感情已成为核心家庭中最为一般的感情纽带。

18世纪，以城市、交通网、流通过程构筑的市场为基点的"经济学"取代了以农地、领地、共同体构筑的"家"为基点的旧时代欧洲的古老"家政学"。传统的家政书现在变成"家庭计划"——以有计划、合理地处理事务为特征的独立的家庭功能。"经济性"（economic，wirtschaftlich）一词原本就含有"谨慎、简约"等意义。而由路德创造的男性家长的权威主义形象受到18世纪后半叶才初次登上历史舞台的、充满温暖气氛的"家庭"（familie）形象的冲击，[③]传统的家政书带有的由权威主义男性家长主导的儿童社会化功能开始消失了。而进入18世纪后半叶之后，"家庭中各种关系开始松弛，以敬畏神为基础的以往的严格教育开始衰弱，仍然希望维持构筑家庭力量的要求经常由于学校遭到破坏"。[④] 从这一时期开始，面向家庭主妇的家庭杂志[⑤]开始大量出版，"保障舒适、恬静、和睦与爱、清洁，这种温情与甜美带来的高雅集中于'家庭'（home）一词之中"，[⑥]上述的论调成为传播媒体追求的目标。不论实际情况如何，社会开始出现了对这样的"家庭"（home sweet home）的崇拜。由于上述的社会变化，传统的家政书丧失了其

---

① M. James, *Family, Lineage, and Civil Society* (1974), p.187; L. Stone, *The Family, Sex and Marriage in England, 1500-1800* (1977), pp.253-269.

② O. Barfield, *History of English Words* (1953)，[日] 渡部，土屋訳《英語のなかの歴史》（中公文庫，1980），日译本第141—145页。

③ O. Brunner, *Neue Wege der Verfassungs — und Sozialgeschichte* (1968)，[日] 石井紫郎ほか訳《ヨーロッパ——その歴史と精神》（岩波書店，1974），日译本第161，163页。

④ J. Beidtel, *Geschichte der österr*, Staatsverwaltung 1 (Insbruck, 1896), S.396; O. Brunner, *Neue Wege der Verfassungs — und Sozialgeschichte* (1968)，[日] 石井紫郎ほか訳《ヨーロッパ——その歴史と精神》（岩波書店，1974），日译本第160页。

⑤ 主要杂志如以下所列：*The Home Circle*; *The Home Companion*; *The Home Friend*; *The Home Magazine*; *Family Economist*; *Family Friend*; *Family Record*; *Family Treasure*.

⑥ *The City Press*, 12 September, 1857; A. S. Wohl (ed.), *The Victorian Family* (1978), p.10.

百科全书式的性质，解体为按专业领域缩小范围，为城市小家庭提供有关家庭计划的平庸而薄弱的内容，进而逐渐消亡了。

四、育儿书的社会史谱系

正式讨论出生、育儿问题的养育书最初是什么样的，现在仍然不清楚。15世纪中叶，意大利出现了修学帕多瓦大学（University of Padova）医学的米凯莱·萨沃纳罗拉（Michele Savonarola）所写的《生产指导书》与保罗·巴格拉路德（Paolo Bagellardo）所写的《儿科小论》。[①] 从那个时代开始，可以看到出于医学方面的关注，对这一问题的体系化研究开始展开。最初由英国人撰写的小儿科医学书是被称为"英国儿科医学之父"的费尔所写的《儿童之书》和J.琼斯写的《生育指导书》等，[②]特别是前者，列举了四十余种儿童可能患的疾病，并说明了各种症状、治疗法、食饵疗法等。书中提出，对儿童的身体发展，成人需要给予不同于对待成年人的特别关注。

由于对儿童身体发展方面关注的深入，16世纪后半叶至17世纪前半叶，出现了一波育儿书出版的热潮。这一社会动向的背后，有着宗教改革后清教主义的本土化，及其基督教母爱的普及。吉福德、托马斯·科根（Thomas Cogan）、克利弗、林康夫人、古奇、伊丽莎白·乔斯琳（Elizabeth Joceline）、吕夫等的育儿书[③]都重视

---

① M. Savonarola, *De regimine praegnatium et noviter natorum usque ad septennium* (ca.1450); P. Bagellardo, *Libellus de egritudinibus infantium* (Padua, 1472), reprinted in L. Belloni (ed.), *Il trattado ginecologico pediatrico in volgare* (Milan, 1952).

② Thomas Phaire, *The Boke of Chyldren* (1543 reprinted by G. F. Still in 1955); J. Jones, *The Arte and Science of Preseruing Bodie and Soule in all Healthe, Wisedome, Catholike Religion* (1579); John Ruhräh, *Pediatrics in the Past* (1925), pp.147－195; G. F. Still, *The History of Pediatrics* (1931), pp.379－383.

③ G. Gifford, *Fifteene Sermons upon the Songe of Salmon* (1558); Thomas Cogan, *The Haven of Health* (1596); R. Cleaver, *A Godly Forme of Household Government* (1598); E. Lincoln, *The Countess of Lincoln's Nurserie* (1622); W. Gouge, *Of Domesticall Duties, Eight Treatises. Whereunto are added Patterns of Players for the Severall Members of a Family, gathered out of the severall Treatises of Domesticall Duties* (1622); E. Joceline, *The Mothers Legacie to Her unborne childe* (1625); J. Rueff, *The Expert Midwife, or an excellent and most necessity treatise of the generation and birth of man* (1673).

解放身体,用心理处罚代替身体处罚,用母乳喂养代替传统的乳母养育,显示出关注婴幼儿发育的强烈的清教伦理色彩。[①]

在显示从医学方面的关注转变为对儿童发展的关注的文献中,最为重要的文本是被称为“近代儿童保护之基石”[②]的卡多根的《育儿书》[③]。这本书热情饱满地论说了儿童身体自由的必要性,批判了对儿童各种人为的束缚,书中指出,“自然原本创造了能够克服一切困难的儿童,那种错误的乳母养育反而造成幼儿羸弱病态的身体”,表明了作者对于自然力量的信念。同时,作者还论说为了与疾病作斗争,需要超越贫富的差异,平等对待所有儿童的理念。[④] 从时间上或从内容上看,此书可能被卢梭阅读过。近代儿科医学由于这部著作而开拓了病理学上新的领域,形成费尔以后的近代儿童观身体发展论方面的各种片段的关注,在“儿童保护”的思想之下可以说形成了一条确凿的思想脉流。

前面看到的在传统的家政书解体过程的初期,以贵族阶层为中心,谈论上流社会家庭的行为方式和应履行的义务的劝导集、礼仪指导书等广为流传。这些书中的几本被收录到 19 世纪下半叶由法尼布尔所编的“英国文学初期古典丛书”中的两个系列里。[⑤]

礼仪指导书的起源之一是西塞罗(Cicero)、加图(Cato)的《格言集》,而在圣职人员当中还有他们独有的《格言集》。12 世纪的休·冯·圣维克托(Hugo von St. Viktor)的《关于新出家修女的礼仪规则》、佩尔蒂·阿尔丰西(petrus Alphonsi)

---

① [日] 北本正章“ピューリタン家族における子育て意識に関する一考察”教育史学会紀要《日本の教育史学 第二四集》(講談社, 1981), 第 85—92 页。

② J. Rendle-Short, “Infant Management in the Eighteenth-Century, with special reference to the work of William Cadogan”, *Bulletin of the History of Medicine*, Vol.xxxiv, No.2(1960), pp.98 - 99.

③ W. Cadogan, *Essay upon the Nursing and the Management of Children* (1748).这一文献在 1772 年以前出版了 10 版,并在以下文献中载录: W. Kessenn (ed.), *The Child* (1965); M. and J. Rendle-Short, *The Father of the Child Care: Life of William Cadogan* (*1771 - 1797*) (1966).

④ W. Cadogan, *Essay upon the Nuring and the Management of Children* (1748), pp.7, 10.

⑤ Early English Text Society Original Series; English Text Society Extra Series. 前者是 1864 年发行的,全 79 卷,共 265 册;后者 1867 年发行,至 1935 年共出版 126 卷。依据北本正章的调查,包含礼仪指导书、劝导集、养育书等在内的教养书、育儿书在上述两个系列中至少有约 70 册。E. 里克特选择其中的 13 册编辑了《儿童之书》的单行本。E. Rickert (ed.). *The Babee's Book* (1908); F. Watson, *The English Grammar Schools to 1660 — Their Curriculum and Practice* (*1908*), pp.123 - 126.(育儿书谱系中有关儿科医学史、产科学史的文献,参照本书第四章)。

的《圣职者的规律》，以及13世纪中叶的约翰·加兰迪亚（John of Garland）的《礼仪规矩的教习》等也是其来源之一。[①] 其后，在宫廷的骑士社会中，以见习骑士等年轻人为对象的、各种世俗性的礼仪指导书出现了，这一倾向的发端被认为与意大利文艺复兴时期相重叠。多米尼克斯·曼克努斯（Dominicus Mancinus）的《礼仪行为论》、安东尼奥·德格瓦拉（Antonio de Guevara）和马泰奥·迪马尔科·帕尔米耶里（Matteo di Marco Palmieri）的《宫廷礼仪方式》，以及有名的巴尔达萨雷·卡斯蒂廖内（Baldassare Castiglione）的《廷臣论》和乔瓦尼·德拉卡萨（Giovanni Della Casa）的《格拉特奥》等是其中的典型。[②] 卡斯蒂廖内收集了在他之前所有的礼仪行为的片段训词，整理后在上流社会中推广；而《格拉特奥》极为细致地分类呈现了各种行为的规则，"这不仅是一本能被有名声、德高望重的绅士接受和认可的拉丁语著作，更为重要的是，在今天也被视为对使用日常用语的人需要在少年时期加以训练的所有适当的、值得赞赏的礼仪规则与习惯的概论书"。这类评价显示了此书超越《廷臣论》受欢迎的程度。在英国，名为《经过教养洗礼的宫廷人》，模仿《格拉特奥》形式编写的同类型书多次再版。[③]

约在15世纪后半叶到16世纪前半叶，意大利的礼仪行为书直接或经由法国被介绍到英国，同时英国也出版了若干礼仪指导书和教养书。其中能够得以确认的代表性文献为以下所列。

作者不详《亚里士多德 ABC》(1430)

作者不详《贤良的母亲应当如何教养自己的女儿》(1430)

作者不详《贤良的父亲应当如何教养自己的儿子》(1460)

---

① N. Elias, *Über den prozess der Zivilisation*（1969），［日］赤井慧爾ほか訳《文明化の過程（上・下）》（法政大学出版局，1977—1978）（上），日译本第153—154页。

② Mancinus, *Liber de Quattuor Virtutibus et Omnibus Oficiis ad Bene Vivendum*（1488，English edition，*The Myrrour of Good Manners*，ca. 1520）；A. Guevara，*Lo relox de Principes*，*or diall of princes*（1529）；M. Palmieri，*Della vita civille*（1529）；B. Castiglione，*Il Cortegiano*（1528）；J. D. Casa，*Galateo of Maister J. Della Casa*，*Archbishop of Beneuenta*. *Or rather a treatise of the Manners and Behaviours it behoveth a man to use and eschewe in his familiar conversation*（1576）.

③ W. H. Woodward，*Studies in Education during the Age of Renaissance*，*1400－1600*（1906），p.244；F. Watson，*The English Grammar Schools to 1660 — Their Curriculum and Practice*（1908），pp.122－123.

作者不详《有品位的礼仪行为》(1446—1460)

约翰·罗素(John Russell)著《约翰·罗素的育儿书》(1460)

作者不详《礼节指南》(1460)

作者不详《婴儿之书》(1475)

威廉·卡克斯顿(William Caxton)著《卡克斯顿的礼节指南》(1477—1478)

作者不详《可爱的儿童之小书》(1480)

威廉·卡克斯顿著《法语与英语的卡克斯顿对话集》(1483)

威廉·卡克斯顿著《集会所》(1483)

威廉·卡克斯顿著《良好礼仪行为之书》(1487)

这些文献的共同特点在于,都是翻版或模仿意大利或法国的礼仪指导手册,与家政书有着并行的关系,同时,这些文献也与中世纪骑士精神与宫廷社会的礼仪行为相结合,带有过渡期的世俗性,强烈反映对城市教养生活的憧憬。另外,书中的内容对儿童和成人是通用的,不存在儿童固有行为方式的基准,也不存在依据发展阶段设定的行为基准。

从那段时期再往下推移,出现了奥托·布伦费尔斯(Otto Brunfels)的《少年的教养与教育》(1525)、西博尔德·海登(Sebald Heyden)的《少年对话典范》(1528)、克里斯托夫·赫根多夫(Christoph Hegendorf)的《处事之术》(1529)、伊拉斯谟著名的《少年礼仪指导论》(1530)、休·罗德斯(Hugh Rhodes)的《养育书和良好行为的学校》(1568)、弗朗西斯·西格(Francis Seager)的《德行的学校——儿童与青年的养育书》(1577)等著作。[①] 这一情况反映了在人文主义者的世界里儿童教养与教育问题成为共同关注的事项。其中伊拉斯谟的《少年礼

① Brunfels, *Discilina et puerorum instituio* (1525); Heyden, *Formurae colloquiorum* (1528); Hegendorf, *De instituenda Vita* (1529); D. Erasmus, *De Civilitate morum puerilium* (1530); H. Rhodes, *The Booke of Nurture, or School of Good Manner for Men, Servants and Children* (1500?, 1568); F. Seager, *Francis Seager's Scholl of Virtue, and Book of Good Nature from Children and Youth to Learn Their Duty* (1577).

仪指导论》是最重要的文献。此书 1532 年出版了英文版之后，[①]1537 年出版了法语版，之前至少有 30 个版本，截至 1893 年，限于所了解到的，共出版了 130 版以上。特别是德国 1547 年、1551 年及 1558 年合计至少出版了 654 部，以当时的出版情况来考虑，可以说是一种异常的畅销状况。[②]

伊拉斯谟在《少年礼仪指导论》中阐明了此书撰写的四个目的："首先，要培养敏感儿童的精神中的信仰、虔诚的语言与行为的胚胎；其次，要开拓这种行为宽广而有规则的道路，进而使其行为渗透到这种规律的整体中；再次，要确定人生中的各种义务关系；最后，要在儿童很小的时候就开始接受礼仪行为的陶冶和驯养。"另外，如书中阐述的"礼仪行为这一主题无疑是哲学的最为卑贱的部分，但礼仪行为不仅可以获得他人的好感，并且有在精神素质上增加社会性价值等益处"，[③]因此，这一领域得到市民社会重视实际的人的关注和支持。伊拉斯谟认为，作为贵族和绅士的年轻人，要能够应对外界就需要通过不断的训练使自身得到严格的修养，他继承了曾经由教皇庇护二世(Enea Silvio Picolomini)论述的通过训练完成自然素质与精神教养的身心二元论教育思想的传统，[④]将其变为更为实际可操作的东西。他的《少年礼仪指导论》可以说是为形成德性的训练体系。这本著作在保存"礼节"这种古老的封建性骑士理念的同时，给予此后的若干"教养书"和"教育论"带来不少的影响，其原因是此书发展出了"礼仪"(cizilaty)这样一个新的概念。

新的"礼仪"最为重视的是餐饮礼仪。在那个时代，餐桌是集确认对集体的归属感、调整社会关系、消除紧张关系、润滑交往等各种功能于一体且综合发挥

---

① *A Lytil Books of Good Manners for Chyldren*, trans. by R. Whittington.

② 有关出版状况及法国流行的"シヴィリテ活字"的情况参考以下文献。N. Elias, *Über den prozess der Zivilisation*（1969），［日］赤井慧爾ほか訳《文明化の過程（上・下）》（法政大学出版局，1977—1978）（上），日译本第 140—141 页。另外，这一文献的法语版，近些年，经阿里埃斯之手，附上了博纳的论文重印。P. Ariès, *Erasme: La Civilité Puerile*（Paris，1977）.

③ D. Erasmus, *De Civilitate morum puerilium*（1530）；P. Ariès（ed.），*Erasme: La Civilité Puerile*（Paris，1977），pp.56－57.

④ "恰如缺乏教养的自然素质是盲目的那样，不以适当的自然素质为前提的教养也是不完整的。但两者在缺乏训练时都是不具有值得一提的价值。只有将这三者合为一体，才能得以完成。"E. S. Picolomini, *Tractatus de Liberorum Educatione*（1450），［日］田辺敬子訳"子どもの教育について"前之園，田辺訳《イタリア・ルネッサンス期教育論》所収（明治図書，1975），日译本第 139—140 页。

作用的场所。依据餐饮的种类、餐饮场所的性质、使用餐具的种类、用餐的人的社会地位、年龄、性别等来规定餐饮行为应有的规则，这些规则集中体现在宫廷、贵族的公馆等用餐场所。① 伊拉斯谟的《少年礼仪指导论》第五章中对这样的行为方式作了如下规定：

餐巾送来以后，放在左肩或臂上。

与地位高的人同桌用餐时，脱下帽子。但头发要用木梳插好了。

右侧放杯子和擦干净的刀叉，左侧放面包。

一坐下就伸手拿碗，这是狼做的事。

刚上来的大盘不能最先伸手。不仅显得贪婪，同时也很危险。一疏忽，将很烫的食物放进了口中，不知是吐出来好，还是吞下去好，肯定会烫伤嘴巴的。

总之，会被人笑话，或让人怜悯。

为要使少年习惯抑制自己的感情，还是要学会等待一会时间再取食。

把手指伸到汤里是乡下人做的事，食物还是要用刀叉来取。食欲张扬的人经常会在大盘子里翻找。不要这样做，要在靠近自己盘上取食。

不能用手取的食物，用小盘子取。

馅饼、蛋糕用汤匙送过来的时候，用自己的小盘子来接，或用手接匙后将食物放在小盘子上，然后返还汤匙。

液体的食物用汤匙送上来的话，用过后要用餐巾擦干净汤匙后再返还。

舔手指上的油脂，或抹在上衣上是不雅的行为。此时还是使用桌布或餐巾为好。②

如上所述，“礼仪指导”成为顾及他人的情感将行为细分，作为社会性规则要求人们按规定的行为方式行事的指南。在15世纪以前的餐饮绘画中，除了大盘子外，几乎不描绘类似餐具的物品，而进入16世纪以后，刀叉开始出现，以前用

---

① ［日］石毛直道《食事の文明論》（中公新書，1982），第51—52，58—60页。

② N. Elias，*Über den prozess der Zivilisation*（1969），［日］赤井慧爾ほか訳《文明化の過程（上・下）》（法政大学出版局，1977—1978），日译本第212页。

手的餐桌共食方式变为个人性的行为，在前面提到的核心家庭化发展与房屋结构功能性分化发展的同时，社交形式与餐饮礼仪也向着建立新的基准的方向变化。

17 世纪中叶，一位侯爵用以下文字阐述了上述情况。

过去，不讲究形式，
在共用的大盘子里一起喝汤。
而汤匙，经常在煮好的鸡肉上擦拭。
过去，面包和手指，
都会伸进番茄酱里。

今天，每个人都在自己的盘里，
喝自己的汤。
汤匙、刀叉，
必须用得得体。
仆人们时时，
去厨房里洗涤这些餐具。

17 世纪后半叶，礼仪行为高雅与低俗的区别显示了进一步细化的心态。1672 年出版的安托万·德库尔坦(Antoine de Courtin)的《新礼仪指导论》作了以下阐述：

……汤匙用过一次后还要在别的盘子里取菜的时候，必须把这把汤匙擦干净。那是因为你把汤匙送到嘴里以后，再用这把汤匙来喝汤，有些神经质的人就会不愿意再喝这碗汤了。

在与非常爱清洁的人共同用餐的时候，擦拭汤匙还不够，而是不能再用这把汤匙，必须换另一把汤匙了。为此，现在在很多场合，大盘子里都放着很多只为取汤或沙司用的汤匙。

> 不在大盘子里喝汤，必须很干净地在自己的盘子里喝汤。汤很烫的时候，用汤匙舀起汤时用嘴吹是很低俗的，还是要等冷却了以后再用。如果不幸被烫了，不要外露，必须尽可能地忍耐。如果忍受不了(经常会有这样的情况)，立刻在人们不注意的情况下，用一只手取自己的盘子，拿到嘴边，另一只手在嘴前挡一下，把嘴中的食物吐在盘子里，迅速递给身后的侍者。礼仪行为是希望人们的行为高雅，而不是要你去自杀。……
>
> 把面包浸在沙司里……以往是可以的。还没有咬过的时候是可以这样的。而现在这样做是低俗行为的一种。
>
> 以往，吃不完的东西，只要做得巧妙，是可以吐在地上的。而现在，这样的行为是非常不雅的行为。①

取代传统的"礼节"(courtesy)，"礼仪"(civility)开始成为符合这个时代社会要求的文化，这反映了人的行为方式发生了显著的变化，感受不快与羞耻的范围在扩大，与此相对应的感性与人们相互间期待对方的礼貌要求也在增大。

对他人的规则行为更加敏感的心态，始于卡克斯顿时代，至伊拉斯谟时代变得更加细化，与中世纪相比，表现得更加有意识且直接。古老的礼节规则可以称之为：反映隐藏在每天重复的习惯行为里的羞耻心的镜子。它与对新的感觉和受过教养洗礼的高雅的憧憬一起开始苏醒，促进了对高雅与低俗行为的细分，加深了对儿童教养的关注。

进入17世纪后，家政书的一部分以一系列的礼仪指导书为基准，开始改写为仅以儿童养育与社会化为目的的育儿书。② 这反映了人们意识到了近代核心

---

① N. Elias, *Über den prozess der Zivilisation* (1969), [日] 赤井慧爾ほか訳《文明化の過程(上・下)》(法政大学出版局, 1977—1978), 日译本第216—218页。

② J. Robinson, *Of Children and their Education* (1625); S. Burrowes, *Good Instructions for All Young Men and Maids* (1642); F. Osborne, *Advice to a Son* (1656); R. Abbot, *The Young Man's Warning Piece* (1656); S. Crossman, *The Young Man's Monitor* (1664); H. Jessey, *A Looking-Glass for Children* (1673); B. Makin, *An Essay to Revive the Ancient Education of Gentlemen, in Religion Manners, Arts and Tongues* (1673); J. Dare, *Counsel or Manners His Last Legacy to His Son* (1673); M. Hale, *A Letter to His Children, Advising Them How to Behave Themselves in Their Speech* (1700?); J. Norris, *Spiritual Counsel, or the Fathers Advice to His Children* (1694).

家庭的两项功能：依据家庭成员间的情爱，使成人的人格趋向稳定，并促进儿童的健康与社会化。而这两项功能与其他功能相比更为重要。而随着时代的推移，作为清教徒-资产阶级的发言人的笛福的《家庭教育论》[①]在18世纪里被广泛阅读，证实了对育儿的观察与注意更加投入，兼顾虔诚的道德性、实际性与幽默性的"面向儿童的传媒"领域正式登上了历史舞台。[②]

五、结　　语

以上讨论的在传统家政书的长期解体过程中，养育书、礼仪指导书的出现与变化，家庭功能的缩小与变化，进而对儿童发展与教育的深入关注等问题，整体上这些状况与近代学校的出现是怎样一种关系，这超越了本章讨论的范围，这里仅限于英国，探讨一下关于这个问题的若干事实。

温彻斯特公学的创建者威克姆信奉"礼仪行为造就人"[③]的信条，在学校中，超越依据文字的知识教育而广泛重视礼仪行为的训育，这种变化是在16世纪后半叶出现的。如前文所述，16世纪以后的礼仪指导书热潮与因宗教改革后的"教育革命"[④]而出现的高等教育人口的增长以及文法学校从经院哲学风尚向实学风尚缓慢转变的情况相重合，给学校教育的内容带来了很大的影响。例如，有学校规定将伊拉斯谟的《少年礼仪指导论》作为教材阅读（如1568年设立的弗莱

① L. Stone, *The Crisis of Aristocracy, 1558 - 1641* (1965), p.670; Daniel Defoe, *Family Instructor* (1715) 1809, 19th edition.

② P. Hazard, *Les livres, les Enfants et les Hommes* (1932), ［日］矢崎，横山訳《本・子ども・大人》(紀伊国屋書店，1957)，日译本第51—54，74—83，188—197页。J. H. Plumb, "The New World of Children in Eighteenth-Century England", *Past and Present*, No.67(1975), pp.64 - 95.

③ F. Watson, *The English Grammar Schools to 1660 — Their Curriculum and Practice* (1908), p.98.

④ L. Stone, "The Educational Revolution in England, 1560 - 1640", *Past and Present*, No.28 (1964); L. Stone, "Literacy and Education in England, 1640 - 1900", *Past and Present*, No.42(1962); D. Cressy, *Literacy and the Social Order — Reading and Writing in Tudor and Stuart England* (1980).

依阿瑟学校的校规)；[①] 出现了如西格的《德行的学校——儿童与青年的养育书》那样，规定从朝起至晚寝的儿童学校生活规律训练；[②] 出现了如R. 马卡斯特(R. Mulcaster)那样，主张学校是教授礼仪规范的唯一且最佳的场所。[③]

这样，16世纪以后，不少教育理论主张学校教育中应包含礼仪规范的训练。威廉·肯普(William Kempe)的《教育论》、老约翰·布林斯利(John Brinsley the Elder)的《母语教育论》、约翰·克拉克(John Clarke)的《文法教育论》、弗朗西斯·霍金斯(Francis Hawkins)的《青年礼仪规范论》，进而有查尔斯·霍尔(Charles Hole)的《学校教育论》等，都是从清教徒的立场出发，强调学校教育中的礼仪规范和道德教育。[④] 这些改革者受到悲观的现世论与基于禁欲伦理的救世观的支持，希望在"改革后的学校"中追求现世的神圣化，为这种学校的普及倾注了最大的努力。他们作为建设"神圣社会"的先驱，为建立学校而努力。对学校教育的内容，他们通过基督教伦理重新改写人文主义者的"礼仪指导书"，训练儿童成为社会行为的楷模和"神圣共和国"的建设者。通过发展儿童的道德从而推进社会改革，这是学校应承担的使命，这一点上，夸美纽斯以及英国赞成其主张的教育改革论者是一致的。[⑤]

欧洲近代的育儿书，一方面，正如通过儿科医学的建立所看到的，加深了对身体发展的关注，促进了有关儿童成长发育的生物学、医学研究的进展，开拓了从疾病中解放的道路；另一方面，由于家庭功能的缩小，一批礼仪指导书丧失了

---

① F. Watson, *The English Grammar Schools to 1660 — Their Curriculum and Practice* (1908), p.106.

② F. Seager, *Francis Seager's Scholl of Virtue, and Book of Good Nature from Children and Youth to Learn Their Duty* (1577).

③ R. Mulcaster, *Positions* (1581); M. James, *Family, Lineage, and Civil Society* (1974), p.103.

④ W. Kempe, *The Education of Children in Learning* (1588); J. Brinsley, *Ludus Literarius* (1612); J. Clarke, *Dux Grammaticus* (1633); F. Hawkins, *Youth's Behaviour, or Decency in Conversation amongst Men* (1641); C. Hole, *A New Discovery of the Old Art of Teaching Schoole* (1660).

⑤ Charles Webster (ed.), *Samuel Hartlib and the Advancement of Learning* (1970); F. Watson, *The English Grammar Schools to 1660 — Their Curriculum and Practice* (1908), p.122; R. L. Greaves, *The Puritan Revolution and Educational Thought, Background for Reform* (1969), pp.30－35.

其本来的功用，逐渐被学校教育吸收，其结果导致家庭的社会化功能开始转移到学校，此后，儿童与成人之间的距离加大了，这一点为许多史料所证实。百科全书式的欧洲传统家政书在进入19世纪以后，为各个领域中的儿童社会化专业书籍所取代。在儿童发展的空间越来越细分化、专业化的同时，家庭与学校之间的距离加大了。这种距离感产生了怎样的心态变化？近代理性主义教育理念所产生的正面和负面影响是如何投射到人的形成的问题上去的？这些大课题至今仍然摆在我们面前。

图书在版编目（CIP）数据

儿童观的社会史：近代英国的共同体、家庭和儿童 / （日）北本正章著；方明生译. —上海：上海教育出版社，2020.7
ISBN 978-7-5444-9508-0

Ⅰ.①儿… Ⅱ.①北… ②方… Ⅲ.①儿童教育-教育史-英国-近代 Ⅳ.①G61－095.61

中国版本图书馆 CIP 数据核字（2020）第 110162 号

子ども観の社会史——近代イギリスの共同体・家庭・子ども，［日］北本正章著，株式会社 新曜社，1993 年。

上海市版权局著作权合同登记号　图字 09－2014－038 号

责任编辑　孔令会　谢冬华
封面设计　郑　艺

儿童研究系列
儿童观的社会史——近代英国的共同体、家庭和儿童
［日］北本正章　著
方明生　译　沈晓敏　校

出版发行　上海教育出版社有限公司
官　　网　www.seph.com.cn
地　　址　上海永福路 123 号
邮　　编　200031
印　　刷　启东市人民印刷有限公司
开　　本　700×1000　1/16　印张 10.25
字　　数　156 千字
版　　次　2020 年 8 月第 1 版
印　　次　2020 年 8 月第 1 次印刷
书　　号　ISBN 978-7-5444-9508-0/C·0026
定　　价　49.00 元

如发现质量问题，读者可向本社调换　电话：021－64377165